Roland Mugerauer

Klartext »Sein und Zeit«

Roland Mugerauer

Klartext »Sein und Zeit«

Heideggers Hauptwerk dechiffriert

Tectum Verlag

Roland Mugerauer

Klartext »Sein und Zeit«. Heideggers Hauptwerk dechiffriert
© Tectum Verlag Marburg, 2015
ISBN: 978-3-8288-3506-1

Umschlagabbildung: photocase.com © time
Umschlaggestaltung: Norman Rinkenberger | Tectum Verlag

Printed in Germany
Alle Rechte vorbehalten

Besuchen Sie uns im Internet
www.tectum-verlag.de

Bibliografische Informationen der Deutschen Nationalbibliothek
Die Deutsche Nationalbibliothek verzeichnet diese Publikation in der
Deutschen Nationalbibliografie; detaillierte bibliografische Angaben sind
im Internet über http://dnb.ddb.de abrufbar.

*Meinen Studierenden
sowie Schülerinnen und Schülern gewidmet*

INHALTSVERZEICHNIS

Vorwort 13
Sein und Zeit – Einleitende Bemerkungen 20
Sein und Zeit – Einführende Interpretationen und erschließende
    Fragen/Aufgaben 21
Einleitung (Exposition der Frage nach dem Sinn von Sein) und
    Erstes Kapitel (Notwendigkeit, Struktur und Vorrang
    der Seinsfrage) 22
§ 1: Notwendigkeit einer ausdrücklichen Wiederholung
       der Frage nach dem Sein (S. 2–4) 23
§ 2: Formale Struktur der Frage nach dem Sein (S. 5–8) 24
§ 3: Ontologischer Vorrang der Seinsfrage (S. 8–11) 25
§ 4: Ontischer Vorrang der Seinsfrage (S. 11–15) 26
Zweites Kapitel Doppelaufgabe in der Ausarbeitung
    der Seinsfrage; Methode der Untersuchung und ihr Aufriß 27
§ 5: Ontologische Analytik des Daseins als Freilegung des
       Horizontes für eine Interpretation des Sinnes von
       Sein überhaupt (S. 15–19) 27
§ 6: Aufgabe einer Destruktion der Geschichte der
       Ontologie (S. 19–27) 29
§ 7: Phänomenologische Methode der Untersuchung (S. 27–39) 30
§ 8: Aufriss der Abhandlung (S. 39–40) 31
Erster Teil Interpretation des Daseins auf die Zeitlichkeit und
    Explikation der Zeit als des transzendentalen Horizontes
    der Frage nach dem Sein Erster Abschnitt Vorbereitende
    Fundamentalanalyse des Daseins (S. 41) 32
Erstes Kapitel Exposition der Aufgabe einer vorbereitenden
    Analyse des Daseins 32
§ 9: Thema der Analytik des Daseins (S. 41–45) 32
§ 10: Abgrenzung der Daseinsanalytik gegen Anthropologie,
        Psychologie und Biologie (S. 45–50) 34

§ 11: Existenziale Analytik und Interpretation des primitiven
Daseins. Schwierigkeiten der Gewinnung eines
'natürlichen Weltbegriffes' (S. 50–52) 35

Zweites Kapitel In-der-Welt-sein überhaupt als Grundverfassung
des Daseins 36

§ 12: Vorzeichnung des In-der-Welt-seins aus der Orientierung
am In-Sein als solchem (S. 52–59) 36

§ 13: Exemplifizierung des In-Seins an einem fundierten Modus.
Das Welterkennen (S. 59–62) 37

Drittes Kapitel Weltlichkeit der Welt 38

§ 14: Idee der Weltlichkeit der Welt überhaupt (S. 63-66) 38

A. Analyse der Umweltlichkeit und Weltlichkeit überhaupt 40

§ 15: Sein des in der Umwelt begegnenden Seienden (S. 66–72) 40

§ 16: Am innerweltlich Seienden sich meldende Weltmäßigkeit
der Umwelt (S. 72–76) 42

§ 17: Verweisung und Zeichen (S. 76–83) 43

§ 18: Bewandtnis und Bedeutsamkeit; Weltlichkeit der
Welt (S. 83–88) 44

B. Abhebung der Analyse der Weltlichkeit gegen die
Interpretation der Welt bei Descartes 46

§ 19: Bestimmung der 'Welt' als res extensa (S. 89–92) 46

§ 20: Fundamente der ontologischen Bestimmung
der 'Welt' (S. 92-95) 47

§ 21: Hermeneutische Diskussion der cartesischen Ontologie
der 'Welt' (S. 95–101) 49

C. Umhaftes der Umwelt und Räumlichkeit des Daseins 51

§ 22: Räumlichkeit des innerweltlich Zuhandenen (S. 102–104) 52

§ 23: Räumlichkeit des In-der-Welt-seins (S. 104–110) 55

§ 24: Räumlichkeit des Daseins und der Raum (S. 110–113) 60

Viertes Kapitel In-der-Welt-sein als Mit- und Selbstsein.
Das 'Man' 62

§ 25: Ansatz der existenzialen Frage nach dem Wer des
Daseins (S. 114–117) 64

§ 26: Mitdasein der Anderen und alltägliches Mitsein
(S. 117–125) 67
§ 27: Alltägliches Selbstsein und Man (S. 126–130) 75
Fünftes Kapitel In-Sein als solches 80
§ 28: Aufgabe einer thematischen Analyse des In-Seins
(S. 130–134) 80
A. Existenziale Konstitution des Da 83
§ 29: Da-sein als Befindlichkeit (S. 134–140) 83
§ 30: Furcht als ein Modus der Befindlichkeit (S. 140–142) 89
§ 31: Da-sein als Verstehen (S. 142–148) 90
§ 32: Verstehen und Auslegung (S. 148–153) 96
§ 33: Aussage als abkünftiger Modus der Auslegung (S. 153–160) ... 101
§ 34: Da-sein und Rede. Die Sprache (S. 160–167) 107
B. Alltägliches Sein des Da und Verfallen des Daseins 108
§ 35: Gerede (S. 167–170) 109
§ 36: Neugier (S. 170–173) 110
§ 37: Zweideutigkeit (S. 173–175) 111
§ 38: Verfallen und Geworfenheit (S. 175–180) 112
Sechstes Kapitel Sorge als Sein des Daseins 113
§ 39: Frage nach der ursprünglichen Ganzheit des
Strukturganzen des Daseins (S. 180–184) 113
§ 40: Grundbefindlichkeit der Angst als ausgezeichnete
Erschlossenheit des Daseins (S. 184–191) 114
§ 41: Sein des Daseins als Sorge (S. 191–196) 116
§ 42: Bewährung der existenzialen Interpretation des Daseins
als Sorge aus der vorontologischen Selbstauslegung
des Daseins (S. 196–200) 118
§ 43: Dasein, Weltlichkeit und Realität (S. 200-212) 119
§ 44: Dasein, Erschlossenheit und Wahrheit (S. 212–230) 120

Zweiter Abschnitt Dasein und Zeitlichkeit 121

§ 45: Ergebnis der vorbereitenden Fundamentalanalyse des Daseins und Aufgabe einer ursprünglichen existenzialen Interpretation dieses Seienden (S. 231–235) 121

Erstes Kapitel Mögliches Ganzsein des Daseins und Sein zum Tode 123

§ 46: Scheinbare Unmöglichkeit einer ontologischen Erfassung und Bestimmung des daseinsmäßigen Ganzseins (S. 235–237) 123

§ 47: Erfahrbarkeit des Todes der Anderen und Erfassungsmöglichkeit eines ganzen Daseins (S. 237–241) 124

§ 48: Ausstand, Ende und Ganzheit des Daseins (S. 241–246) 125

§ 49: Abgrenzung der existenzialen Analyse gegenüber möglichen anderen Interpretationen des Phänomens (S. 246–249) 126

§ 50: Vorzeichnung der existenzial-ontologischen Struktur des Todes (S. 249–252) 127

§ 51: Sein zum Tode und Alltäglichkeit des Daseins (S. 252-255) 128

§ 52: Alltägliches Sein zum Ende und voller existenzialer Begriff des Todes (S. 255–260) 129

§ 53: Existenzialer Entwurf eines eigentlichen Seins zum Tode (S. 260–267) 130

Zweites Kapitel Daseinsmäßige Bezeugung eines eigentlichen Seinkönnens und Entschlossenheit...133

§ 54: Problem der Bezeugung einer eigentlichen existenziellen Möglichkeit (S. 267–270) 133

§ 55: Existenzial-ontologische Fundamente des Gewissens (S. 270–272) 134

§ 56: Rufcharakter des Gewissens (S. 272–274) 135

§ 57: Gewissen als Ruf der Sorge (S. 274–280) 136

§ 58: Anrufverstehen und Schuld (S. 280–289) 137

§ 59: Existenziale Interpretation des Gewissens und vulgäre Gewissensauslegung (S. 289–295) 141

§ 60: Existenziale Struktur des im Gewissen bezeugten
eigentlichen Seinkönnens (S. 295–301) 142

Drittes Kapitel Eigentliches Ganzseinkönnen des Daseins und
Zeitlichkeit als der ontologische Sinn der Sorge 143

§ 61: Vorzeichnung des methodischen Schrittes von der
Umgrenzung des eigentlichen daseinsmäßigen Ganzseins
zur phänomenalen Freilegung der Zeitlichkeit (S. 301–305) 143

§ 62: Existenziell eigentliches Ganzseinkönnen des Daseins als
vorlaufende Entschlossenheit (S. 305–310) 144

§ 63: Hermeneutische Situation einer Interpretation des
Seinssinnes der Sorge. Methodischer Charakter der
existenzialen Analytik überhaupt (S. 310–316) 145

§ 64: Sorge und Selbstheit (S. 316–323) 146

§ 65: Zeitlichkeit als der ontologische Sinn der Sorge (S. 323–331) 148

§ 66: Zeitlichkeit des Daseins und die aus ihr entspringenden
Aufgaben einer ursprünglicheren Wiederholung der
existenzialen Analyse (S. 331–333) 150

Viertes Kapitel Zeitlichkeit und Alltäglichkeit 151

§ 67: Grundbestand der existenzialen Verfassung des Daseins
und Vorzeichnung ihrer zeitlichen Interpretation (S. 334f.) 151

§ 68: Zeitlichkeit der Erschlossenheit überhaupt (S. 335–350) 152

§ 69: Zeitlichkeit des In-der-Welt-seins und Problem der
Transzendenz der Welt (S. 350–366) 154

§ 70: Zeitlichkeit der daseinsmäßigen Räumlichkeit (S. 367–369) 156

§ 71: Zeitlicher Sinn der Alltäglichkeit des Daseins (S. 370–372) 157

Fünftes Kapitel Zeitlichkeit und Geschichtlichkeit 158

§ 72: Existentialontologische Exposition des Problems der
Geschichte (S. 372–377) 158

§ 73: Vulgäres Verständnis der Geschichte und Geschehen
des Daseins (S. 378–382) 159

§ 74: Grundverfassung der Geschichtlichkeit (S. 382–387) 160

§ 75: Geschichtlichkeit des Daseins und Welt-Geschichte
(S. 387–392) 161

§ 76: Existenzialer Ursprung der Historie aus der
Geschichtlichkeit des Daseins (S. 392–397) 162

§ 77: Zusammenhang der vorstehenden Exposition des
Problems der Geschichtlichkeit mit den Forschungen
W. Diltheys und den Ideen des Grafen Yorck (S. 397–404) 163

Sechstes Kapitel Zeitlichkeit und Innerzeitigkeit als Ursprung
des vulgären Zeitbegriffs 164

§ 78: Unvollständigkeit der vorstehenden zeitlichen Analyse
des Daseins (S. 404–406) 164

§ 79: Zeitlichkeit des Daseins und Besorgen von Zeit
(S. 406–411) 165

§ 80: Besorgte Zeit und Innerzeitigkeit (S. 411–420) 166

§ 81: Innerzeitigkeit und Genesis des vulgären Zeitbegriffs
(S. 420–428) 167

§ 82: Abhebung des existenzial-ontologischen Zusammenhangs
von Zeitlichkeit, Dasein und Weltzeit gegen Hegels
Auffassung der Beziehung zwischen Zeit und Geist
(S. 428–436) 168

§ 83: Existenzial-zeitliche Analytik des Daseins und
fundamentalontologische Frage nach dem Sinn von
Sein überhaupt (S. 436f.) 169

Abschluss und Ausblick 170

Martin Heidegger. Zur Entwicklung und zum Zusammenhang
seines Denkens – eine Überblicksskizze 172

Entspannender Ausstieg 191

A. Eine `musikalische Schnellrekapitulation' 191

B. Fritz Heideggers Heidegger-Parodie 191

Vorwort

Heideggers *Sein und Zeit* ist ein `Jahrhundertbuch´, ja vielleicht ein epochemachendes Buch, das, obgleich von seinem Autor nicht mit dem bleibenden Anspruch verbunden, ein dauerndes Großwerk geschaffen zu haben – Günter Figal hat es (bzw. Heideggers darin entwickelte Fundamentalontologie) in seiner Einführung in Heideggers Denken wohl zutreffend als `folgenreiches Zwischenspiel´[1] bezeichnet –, wegen der immensen Fülle neuartiger philosophischer Denkansätze und Grundgedanken trotz aller (bewussten) Vorläufigkeit, mit der Heidegger dieses Werk verfasst hat, gute Chancen hat, in den Rang eines philosophischen `Klassikers´ einzurücken. Und: Es ist trotz der oft zu konstatierenden Dunkelheit seiner Sprache – und teils auch seiner Argumente und Argumentationsgänge – ein faszinierendes Buch. Der Autor hat diese Faszination selbst als Philosophiestudent an sich erfahren: Als er *Sein und Zeit* als Erstsemester, schmökernd in der Heidelberger Universitätsbuchhandlung Ziehank, erstmals in die Hände bekam, hat er beim Lesen, auf einem kleinen Kundenstuhl sitzend, Zeit und Ort ganz vergessen – eine andere Form von `Seinsvergessenheit´ als diejenige, um die es in *Sein und Zeit* zu tun ist, und die Heidegger vermutlich bejaht hätte (jedenfalls noch derjenige von *Sein und Zeit*) ...

Dennoch: Trotz aller Faszination, die es ausüben kann, bleibt *Sein und Zeit* ein `schwer verdaulicher Brocken´!

Dies hängt damit zusammen, dass Heidegger der tradierten metaphysischen und ontologischen Terminologie misstraut – samt den dahinter stehenden metaphysischen Vorstellungen, `eingefahrenen´ Denkweisen, verfestigten Auffassungen und starr gewordenen Auslegungshorizonten, aus denen sie erwachsen ist, gerade in Hinsicht auf die Beantwortung der Frage nach dem Sinn von Sein: Die aus der Metaphysik herkommende Begrifflichkeit ist ihm zu voraussetzungsbehaftet, ja ein Ausdruck der für das Dasein wesentlichen Tendenz zum Verfallen, das sich hier in Verdeckungen, Verstellungen und Fehlauffassungen manifestiert, die durch die Beibehaltung dieser tradierten Terminologie geradezu `zementiert´ würden. Jedenfalls erscheint es Heidegger als zu schwierig, unter Gebrauch dieser Terminologie selbst die dahinter stehenden Fehldeutungen (unter `de-kompositorischer De-struktion´ der Geschichte der abendländischen Ontologie) phänomenologisch-`de-struktiv´ aufweisen und – kritisch-`wieder-holend´ – zu einer originären Seinsauffassung gelangen zu können. In *Sein und Zeit* ganz besonders – mehr als in den Vorlesungen, die

---

1 Figal, G.: Heidegger zur Einführung, Hamburg 1992, S. 51 u.ö.

er in dieser Zeit vor Studierenden gehalten hat – versucht er, diese überkommene metaphysische Begrifflichkeit zu vermeiden, sich ihr – und der metaphysischen Tradition – zu entwinden, sich (fast gewaltsam) 'herauszuwinden' (im Rückblick auf *Sein und Zeit* konstatiert er, dass ihm dies – trotz aller Anstrengung und allen Aufwandes – nur unzulänglich gelungen sei, da die Sprache eben doch die Sprache der Metaphysik sei). Denn die traditionelle Begrifflichkeit – und damit unser ganzes Denken mit seinen Vorstellungen und Sichtweisen – ist von der metaphysischen Tradition (für Heidegger ist diese Tradition im Kern – durch hermeneutische Phänomenologie zu destruierende – Ontologie), der sie entstammt, tief durchdrungen. Heidegger will das 'seinsvergessene' herkömmliche metaphysische Denken überwinden (bzw. '*ver*winden'), will sich aus der Befangenheit darin 'herauswinden' – statt es gedankenlos und unvermerkt doch fortzuschreiben. Dies führt bei ihm zu einer ganzen Fülle von sprachlichen Neuprägungen, die oftmals recht artifiziell anmuten.

Es kommt ergänzend hinzu: Damit das fundamentalontologische Projekt, das über eine Daseinsanalytik führt, gelingen kann, ist es, so Heideggers Überzeugung, unangemessen, zu versuchen, unser eigenes Sein und dessen vorgängiges Seinsverständnis mit Begriffen aufzuhellen, die dem Sein der Natur entsprechend gebildet wurden. Der existenzialen Beweglichkeitsstruktur des Daseins (als Vollzugsstruktur menschlicher Freiheit) könnte man nach Heidegger nicht gerecht werden, wenn mittels von Kategorien, die für das Sein des außermenschlichen natürlichen Seienden bestimmend sind, eine Bestimmung des Daseins unternommen würde.

Dieser Umstand würde noch dadurch verschärft, dass ein Buchprojekt wie *Sein und Zeit* dadurch schutzlos unnötig vielerlei Missverständnissen ausgesetzt wäre, weil der Autor, Heidegger, nicht, wie in seinen Vorlesungen vor Studierenden, dem Geschriebenen bzw. Gesagten explizierend und Missverständnissen wehrend, zu Hilfe kommen könnte. Auf diese hier angedeutete Problematik hat im Grundsätzlichen bereits *Platon* mit seiner sog. 'Schriftkritik' hingewiesen. *Platon* verfasst aus diesem Grunde spezifische fiktionale Dialoge, Heidegger zieht die *oben* genannte Konsequenz: Er versucht, die traditionelle metaphysische Begrifflichkeit zu vermeiden und bedient sich, da es ihm zudem vorzüglich um die Vollzugs*strukturen* des menschlichen Daseins (und nicht etwa um Inhaltliches) geht, näherhin zudem der Technik bzw. des Verfahrens der 'formalen Anzeige'[2]. Dies führt dann häufig zu recht artifiziell anmutenden Begrifflichkeiten und 'Wortungetümen'.

---

2   Kisiel, Th.: Die formale Anzeige. Die methodische Geheimwaffe des frühen Heidegger. In: Happel, M. (Hrsg.): Heidegger – neu gelesen. Würzburg 1997, S. 22-40.

Nicht erst der Phänomenologe Heidegger stand vor derartigen Schwierigkeiten, sondern sie begegnen in der einen oder anderen Weise jedem originären Philosophieren: So hatte etwa bereits Aristoteles mit ähnlichen Problemen zu tun – und hat daraus recht ähnliche Konsequenzen gezogen.

Der Aufgabe, die Lektüre von *Sein und Zeit* zu erleichtern und beim Verstehen behilflich zu sein, hat sich der Autor dieses kleinen Bändchens gestellt. Erwachsen ist es aus Erfahrungen in der universitären Lehre: In einem bildungsphilosophischen Proseminar zum Thema 'Technik und Bildung' hat der Autor vor einigen Jahren die Erfahrung gemacht, wie schwer zugänglich Heideggers Denken für viele Studierende ist – so schwer zugänglich, dass eine zusätzliche Hilfestellung in Form eines kleinen 'Lektürevademekums', also eines Lektürebegleiterleins, sinnvoll erscheint, will man etwas aus Heideggers Schrifttum mit Studierenden, die noch nie 'geheideggert' haben, in einem Seminar behandeln (ohne einfachhin 'zu heideggern' – dies hätte Meister Heidegger seinen Studierenden [auch] verboten, wie man weiß).

Warum aber aus Heideggers schriftstellerischen Werken (besser eigentlich 'Wegen' bzw. 'Wegmarken') gerade *Sein und Zeit*? Ein *sachlicher* Grund wurde bereits genannt: Es ist der immense Reichtum neuartiger philosophischer Ansätze, die sich in diesem Buch finden, die es lohnend machen, ihnen einmal nachzugehen und ein solches '*Sein und Zeit*-Helferlein' zu schreiben. Zudem ist *Sein und Zeit* sehr einflussreich gewesen und in einem gewissen Maße bereits 'traditionsbildend' geworden.

Damit verbindet sich ein sehr *pragmatischer* Grund: Der Autor beabsichtigt, dieses Helferlein demnächst in einem bildungsphilosophisch akzentuierten Seminar im Masterstudiengang der Erziehungswissenschaften zur Thematik '*Sein und Zeit* und die Pädagogik', mitzuverwenden im Zuge der Seminarlektüre von *Sein und Zeit*:

Der Autor will mit seinen Studierenden der Frage nachgehen, ob und, wenn ja, inwiefern und inwieweit diejenige Veröffentlichung, die oft als Heideggers 'Hauptwerk' bezeichnet wird – und jedenfalls sein *frühes* Hauptwerk (und zugleich doch nur ein 'folgenreiches Zwischenspiel' [s.o.] ist), relevant (oder/und auch risikobehaftet) ist für die Pädagogik, insbesondere für pädagogisches Konzeptualisieren, sei es nun als Anregung, als Orientierung, als konstruktiver Ansatz, auf dem weitergebaut werden könnte, oder auch 'nur' als Kritik in herkömmlichen Bahnen verlaufenden pädagogischen Konzeptualisierens heute, mithin für ein selbstkritisches pädagogisches Denken. Es soll also, grob gesprochen, um die Bedeutung Heideggers gehen für den wissenschaftlichen pädagogischen und bildungsphilosophischen Diskurs.

Hierbei sollen auch bisherige `pädagogische Heideggerrezeptionen' (hier ist in erster Linie an diejenigen von Otto Friedrich Bollnow, Theodor Ballauff und Eugen Fink gedacht) und deren Problematik, ja teils Gewaltsamkeit, die Heideggers Intentionen manchmal gründlich verfehlt, nicht ausgespart bleiben.

Ein Seminar zu diesem Thema erscheint mir besonders sinnvoll – und vielleicht auch anregend – an der Universität Frankfurt am Main, die wie keine andere deutsche Universität in der Tradition der `Kritischen Theorie' der sog. `Frankfurter Schule' steht. Dies könnte ein Schritt sein zur Aufhebung der – wie Hermann Mörchen es einmal treffend genannt hat – `philosophischen Kommunikationsverweigerung' zwischen Adorno und Heidegger.[3]

Diese Ausführungen zu sachlichen und pragmatischen Motiven des Verfassers mögen hier genügen.

Die *Konzeption* des Bändchens und die dieser Konzeption zu Grunde liegende `pädagogisch-didaktische Strategie' sind die folgenden: Statt eines (weiteren neben bereits existierenden) einführenden Kommentars zu *Sein und Zeit* wird zunächst Paragraph für Paragraph in teils `telegrammhaftabbreviativer' Manier eine kurze Inhaltsangabe bzw. Kurzzusammenfassung und (nur) ansatzweise eine Interpretation von *Sein und Zeit* geboten, wobei, je länger, desto mehr, umfangreiche Zitate des Originaltextes aufgenommen werden (bis § 42). Hierdurch soll der Leser/die Leserin, indem immer wieder Z*u*mutungen erfolgen, die bewältigt werden, allmählich *er*mutigt werden, *Sein und Zeit* (jedenfalls hauptsächlich) im Original zu lesen. Die Ausführlichkeit der Originalzitate orientiert sich einerseits an der systematischen Stellung der betreffenden Paragraphen, aus denen zitiert wird, und/oder andererseits daran, wie geeignet sie erscheinen, um mit der eigentümlichen und partiell sogar hermetisch anmutenden Diktion Heideggers allmählich vertraut zu werden.

Im Laufe der interpretierend-darstellenden Hinweise wird umso mehr wörtlich zitiert, je mehr angenommen wird, dass der Leser bzw. die Leserin sich allmählich `einfindet' in das heideggersche Denken und die eigentümliche heideggersche Diktion, die ihm daher wenigstens in Ausschnitten auch im kleinen `Lektürevademekum' zugemutet werden soll. Die einführend-interpretierenden und zusammenfassenden Darstellungen greifen, dies hier schon einmal vorweg, nicht alle Aspekte der jeweiligen Paragraphen auf, auf die sie sich beziehen, sondern nur das für den Gedankengang Heideggers Wesentlichste. So werden auch nicht alle As-

---

3 Mörchen, H.: Adorno und Heidegger. Untersuchung einer philosophischen Kommunikationsverweigerung. Stuttgart 1981.

pekte der im Original zitierten Textpassagen Heideggers interpretiert, sondern es soll – auch hier – deutlich werden, dass Heidegger subtiler denkt, als es hier aufgegriffen werden kann, und dass hermeneutisch-interpretatorische ʾDesiderataʾ verbleiben. Dem Lesenden mag deutlich werden, dass er lediglich (aber immerhin!) einen ersten Schritt zum eigentlichen Verstehen gegangen ist.

Durch (zunächst eben eventuell nur, aber doch wenigstens) selektives Lesen des heideggerschen Originaltextes soll es überdies möglich sein/werden, sich rasch die systematische Stellung bzw. den jeweiligen Zusammenhang der gelesenen Textpassagen zu vergegenwärtigen.

Dort, wo die einleitend-interpretative – und damit notwendigerweise auch in mancher Hinsicht komplexitätsreduktive – Kurzzusammenfassung und -darstellung zugunsten der Stellung von Fragen und Aufgaben abbricht (ab § 43: *Dasein, Weltlichkeit und Realität*), wird davon ausgegangen, dass der Leser/die Leserin sich, jetzt hinlänglich ermutigt und zureichend präpariert, (spätestens) nun vollends in das Original selbst vertieft, um anhand von Fragen und Aufgaben, die Erschließungsfunktion haben sollen, zu einem Verständnis (wenigstens) der Zentralinhalte zu gelangen. In den Aufgaben wird hierbei teilweise kräftig ʾgeheideggertʾ (im o.a. Sinne!), indem Originalzitate erläutert/erklärt/verständlich gemacht/ʾübersetztʾ werden sollen, in denen sich Heidegger u.a. gehäuft seiner (u.a. aus der Not des ʾSich-frei-Schwimmen-Müssensʾ von der tradierten und traditionsbeladenen (-ʾbelastetenʾ) metaphysisch-ontologischen Begrifflichkeit geborenen) begriffsschöpferischen Technik der ʾformalen Anzeigeʾ bzw. Kennzeichnung bedient im Rahmen seiner formal anzeigenden Hermeneutik des Daseins (s.u.). Dem- bzw. derjenigen, der bzw. die nur die Aufgaben liest oder den Text während der Lektüre nicht verstanden hat, wird es nicht möglich sein, diese ʾÜbersetzungsleistungʾ zu vollziehen – sie sind ihm bzw. ihr nach wie vor ʾkrudeʾ. Wer hingegen zu einem Verständnis gelangt ist in Bezug auf die zentralen Inhalte des jeweiligen Paragraphen, dem hat sich der Sinn des jeweiligen Originalzitates (und die Sinnigkeit der hier leitenden bzw. tragenden Begrifflichkeit) erschlossen und die Aufgabe wird ohneweiters zu bewältigen sein.

Die Aufgaben haben in ihrer Stellung ja Erschließungsfunktion in Bezug auf die Zentralinhalte und sollen zu diesen hinführen. Sie können als ʾFingerzeigeʾ des Helferlein-Autors dienen. Da sie *diese* Funktion haben, erschöpfen sie die einzelnen Paragraphen inhaltlich nicht oder greifen auch nur alle Aspekte desselben auf.

Der Umfang der Originalzitationen in den Aufgabenstellungen nimmt gegen Ende des Werkleins wieder deutlich ab, da, wenn das bisherige

Textstudium erfolgreich gewesen ist, derartige ʼDolmetschaufgabenʼ nicht nur nicht mehr vonnöten sind, sondern sogar (tendenziell) gänzlich überflüssig werden.

Besonders ausführlich zitiert werden bei den Aufgaben zum ersten Kapitel des zweiten Teiles von *Sein und Zeit* Passagen aus dem sog. ʼTodeskapitelʼ (§ 46–53; bes. § 53); denn hier geht es um die Gewinnung des Ganzseinkönnens des Daseins, die für das Projekt von *Sein und Zeit* phänomenologisch und überhaupt daseinsanalytisch-fundamentalontologisch entscheidend ist, nachdem bislang das Sein des Daseins nur formal als Sorgestruktur in ihren drei Strukturmomenten Existenzialität, Faktizität und Verfallenheit aufgewiesen wurde. Ausführlichere Zitate finden sich auch aus den §§ 54–60, weil es hier um den phänomenalen Aufweis einer Bezeugung dieses eigentlichen Ganzseinkönnens des Daseins selbst als Modus der Sorge geht.

Trotz der anfänglichen paragraphenweisen und teils abbreviativ-telegrammartigen Kurzzusammenfassung und der ansatzweisen interpretierenden Darstellung wird bereits zu Anfang vorausgesetzt, dass der/die Studierende parallel den Originaltext liest.

Once again: Natürlich kann in diesem kleinen ʼVademekumʼ auch nicht ansatzweise auf alle philosophisch wichtigen und fruchtbaren Aspekte von *Sein und Zeit* hingeleitet werden. Vielmehr soll durch Kurzdarstellung und -interpretation, soweit sie durchgeführt werden, sowie durch die Fragen und Aufgaben zu den einzelnen Paragraphen so etwas wie ein ʼLeitfadenʼ durch dieses Werk geboten werden, das in seiner Gedankenführung – schon aufgrund seiner Entstehungsbedingungen – oft verwirrend und unübersichtlich ist. Der Leitfaden soll zu den und durch die zentralen Kerngedanken führen und dabei an die wesentlichsten Inhalte dieses umfangreichen und anspruchsvollen Werkes der Philosophiegeschichte heranführen, indem gerade diese fokussiert werden.

Der Autor hofft, dem mit Heidegger noch unvertrauten Leser bzw. der Leserin hierdurch, zusätzlich zu bereits auf dem Buchmarkt bestehenden Einführungen zu Heidegger, die dies – mal mehr und (m.E. öfter) mal *weniger* – zu leisten vermögen, eine nützliche *ergänzende* Einstiegshilfe zu bieten – und zudem Studierenden, die sich zu Heideggers *Sein und Zeit* prüfen lassen wollen oder auch ʼnurʼ für sich nach der Lektüre als *Sein und Zeit*-Leser/innen die dort vorgetragenen Gedankengänge in den Grundzügen rekapitulieren (Erinnerungshilfe und Verständnistest), ein hilfreiches kleines Werkzeug an die Hand zu geben. In letzterer Verwendung soll also bereits vollzogenes Verstehen ʼwachgerufenʼ werden als verstehend-vergegenwärtigende Erinnerung – dies stellenweise evtl. auch in Abgrenzung (!) zum durch das Werklein Fokussierten und Behaupteten! Dem *Sein-und-Zeit*-Kenner bzw. der -Kennerin soll anhand der gestellten Aufgaben die Möglichkeit geboten werden, sich selbst im Blick auf das eigene Verständnis rekapitulativ zu erproben und es erinnernd zu vergegenwärtigen. Kurz: Dieses Opuskulum soll auch brauchbar sein als *Erinnerungshilfe, Gedächtnisstütze* und *Verständnistest*!

Zugunsten dieses – recht `unorthodoxen' – Büchleinkonzeptes ist der Autor im Nachhinein zu der Überzeugung gelangt, dass es lohnend ist, `es einmal *so* zu versuchen', und verzichtet zu seinen Gunsten auf die Publikation eines durchgehenden `Einstiegskommentars', der bereits geschrieben war.

Da es vor allem anderen darum geht, dass Heideggers Text selbst im Original gelesen wird, wird auf Literaturverweise zu einschlägiger Sekundärliteratur fast völlig und auf eine Bibliographie zu Heidegger ganz verzichtet. Hierfür sei der geneigte Leser auf die Auswahlbibliographien der großen Fülle der gängigen einführenden Gesamtdarstellungen zu Heideggers Werken und Denken verwiesen, die er im Bedarfsfall sinnvoll heranziehen kann.

Zur Vergegenwärtigung der Stelle der Fundamentalontologie in der Gesamtentwicklung des Denkens Heideggers hat der Autor mit Einverständnis seiner Schülerinnen *Josephine Kitz, Sina Dubuque* und *Kira Lou Hachenberg* einen kurzen Abriss zum Gesamtdenken Heideggers eingefügt, den diese als Referatgrundlage verfasst haben, und der im Zuge des Ethikunterrichtes, den der Autor an einer gymnasialen Europaschule erteilt, entstanden ist. Dass Schülerinnen der Oberstufe ohne Vorkenntnisse die Verfasserinnen dieser gesamtorientierenden Seiten dieses Bändchens sind, möge als Ermutigung dienen!

Die allerletzten Seiten, die anschließen, dann dem nun „Heidegger-Kundigen" zur Ergötzung nach all der Anstrengung philosophischer Denkarbeit!

Dem Lektürehelferlein liegt zu Grunde die 15. Ausgabe von *Sein und Zeit*, die 1984 im Max Niemeyer-Verlag in Tübingen erschienen ist (an Hand der Gesamtausgabe durchgesehene Auflage mit den Randbemerkungen aus dem Handexemplar des Autors im Anhang, 2. Druck).

Sein und Zeit – Einleitende Bemerkungen

Sein und Zeit ist 1927 erschienen als Fragment aus einer äußeren Notwendigkeit heraus in höchster zeitlicher Bedrängnis (Heideggers Bewerbung um die Husserl-Nachfolge in Freiburg). Es enthielt die ersten beiden Abschnitte des ersten von zwei geplanten Bänden des Projektes einer `Fundamentalontologie'. In diesem Vorhaben sollte es um die Klärung des `Sinns von Sein' gehen, d.h. um die Klärung dessen, was Sein – und zunächst einmal die *Frage* danach – überhaupt bedeutet. Hierfür sollte die Zeit als `der Horizont des Seins' aufgewiesen werden, d.h. als dasjenige, was die Verstehbarkeit von Sein – und der entsprechenden Frage – erst ermöglicht, und was die Bedingung der Möglichkeit von Sein ist. Der hierfür zentrale dritte Abschnitt des ersten Bandes, der den Titel *Zeit und Sein* tragen sollte, wurde jedoch nie veröffentlicht. Unangemessenerweise wurde die Daseinsanalytik von *Sein und Zeit* daher anfänglich vor allem als eine Arbeit zur Anthropologie (entgegen Heideggers diesbezüglicher Abgrenzung etwa im § 10 von *Sein und Zeit*) oder aber als eine existenzphilosophische Abhandlung rezipiert. Fragment ist *Sein und Zeit* geblieben, da das Projekt einer `Fundamentalontologie' von Heidegger später selbst verworfen worden ist (s. dazu `Abschluss und Ausblick')

Sein und Zeit – Einführende Interpretationen und erschließende Fragen/Aufgaben

S. 1: Heidegger wählt als Denk- und Leitspruch seines Werkes eingangs ein Zitat aus Platons Dialog *Sophistes*:

> 'Denn offenbar seid ihr doch schon lange mit dem vertraut, was ihr eigentlich meint, wenn ihr den Ausdruck `seiend´ gebraucht, wir jedoch glaubten es einst zwar zu verstehen, jetzt aber sind wir in Verlegenheit gekommen.´ (Plato, *Sophistes* 244a)

Heidegger stellt, hiervon ausgehend, die Frage:

> 'Haben wir heute eine Antwort auf die Frage nach dem, was wir mit dem Wort `seiend´ eigentlich meinten? Keineswegs. Und so gilt es denn, *die Frage nach dem Sinn von Sein* erneut zu stellen. Sind wir denn heute auch nur in der Verlegenheit, den Ausdruck `Sein´ nicht zu verstehen? Keineswegs. Und so gilt es denn vordem, allererst wieder ein Verständnis für den Sinn dieser Frage zu wecken. Die konkrete Ausarbeitung der Frage nach dem Sinn von `Sein´ ist die Absicht der folgenden Abhandlung. Die Interpretation der *Zeit* als des möglichen Horizontes eines jeden Seinsverständnisses überhaupt ist ihr vorläufiges Ziel.´ (S. 1)

Heidegger bezieht sich zu Beginn seines Werkes also auf die, wie es der Fremde aus Elea in Platons *Sophistes* nennt, 'Gigantenschlacht um das Sein´. Allerdings geht es in *Sein und Zeit* nicht zuvörderst um die Beantwortung der Frage, *was Sein ist*, sondern es geht darum, *die Frage nach dem Sinn von Sein* auszuarbeiten, so dass es möglich wird, die Seinsfrage allererst wieder sinnvoll *zu stellen*. Verstehen von Sein setzt den Vollzug und das Verständnis der *Frage* nach dem Sein voraus. Ein Verständnis von Sein, so Heidegger vorwegnehmend, ist nur möglich 'im Horizont der Zeit´. `Sein´ kann nur zeitlich verstanden werden.

21

Einleitung (Exposition der Frage nach dem Sinn von Sein) und Erstes Kapitel (Notwendigkeit, Struktur und Vorrang der Seinsfrage)

Die Frage nach dem Sinn von Sein wird exponiert: Notwendigkeit, Struktur und Primat der Seinsfrage sowie methodische Vorüberlegungen und ˋProgramm´ von *Sein und Zeit*.

§ 1: Notwendigkeit einer ausdrücklichen Wiederholung der Frage nach dem Sein (S. 2–4)

Bezüglich des Seins gibt es drei Vorurteile der abendländischen philosophischen Tradition: Sein als 1. allgemeinster Begriff (umfasst alles nur denkbare Seiende, ist kein Gattungs- oder Artbegriff), daher 2. undefinierbar (da in seiner Allgemeinheit jede Bestimmung übersteigend), 3. selbstverständlich, indizieren, dass die herkömmliche Form, die Seinsfrage zu stellen (`Was ist Sein?´), sinnlos ist. Daher besteht das Erfordernis, die Seinsfrage anders und sinnvoll zu stellen. Dass `Sein´ uns selbstverständlich ist, zeigt: Wir leben je schon in einem Seinsverständnis. Dieses ist zu explizieren, um eine Antwort auf die nunmehr angemessen gestellte Seinsfrage zu erhalten.

§ 2: Formale Struktur der Frage nach dem Sein (S. 5–8)

Strukturmomente einer Frage: Ge-, Be- und Erfragtes (Erfragtes = Antwort, gedacht als Strukturmoment der Frage selbst: die Frage als Frage bereits bezogen auf das Erfragte). Frage als Suchen setzt ein Vorverständnis des Gesuchten voraus. Bei Frage nach dem Sinn von Sein: Gefragtes: das Sein, von dem ein Vorverständnis vorliegt; Erfragtes: der bestimmte Sinn von Sein; das Befragte: uns in seiner Seinsweise zugängliches und erschließbares Seiendes – je wir selbst! Je wir selbst als `Dasein´ sind uns selbst durchsichtig zu machen (= Reflexivbeziehung).

§ 3: Ontologischer Vorrang der Seinsfrage (S. 8–11)

Erweis der Frage nach dem Sinn von Sein als Grundfrage. Triftigkeit u.a. wegen (ontologischer) Krise der modernen Wissenschaften. Fundamentalontologie vonnöten, die eine 'nicht deduktiv konstruierende Genealogie der verschiedenen Weisen von Sein' vollbringt. Hierzu nötig die Klärung des Sinnes von 'Sein', deswegen ontologischer Primat der Seinsfrage.

§ 4: Ontischer Vorrang der Seinsfrage (S. 11–15)

Seinsmäßiger Vorrang des Daseins als Objekt einer Ontologie: Das Dasein fragt als ontologisches Wesen nach seinem Sein. `Dasein´: dasjenige Seiende, dem es in seinem Sein um dieses, sein Sein, selbst geht. Dieses, sein Sein, ist ihm selbst zugänglich, weil es, da ontologisch, nach dem Sein fragt, und weil es ein leitendes Vorverständnis von seiner Seinsweise hat. Die spezifische Seinsweise des Daseins: Existenz. Dasein `ist´ in der Seinsweise der Existenz, es `existiert´. Beachten: Differenz von existentiell und existenzial; `existenzial´: Es geht um die konstitutiven Strukturen bzw. Bestimmungsmomente der Existenz und deren Verhältnis zueinander. Diese konstitutiven Bestimmungsmomente und deren Gefüge müssen aufgewiesen werden, denn sie sind die Grundlage jedweder Wissenschaft von Seiendem, d.h. Ontologie: Grundlage = Fundament, daher `Fundamentalontologie´. Die Fundamentalontologie muss so zuerst eine existenziale Analyse des Daseins leisten.

Zweites Kapitel
Doppelaufgabe in der Ausarbeitung der Seinsfrage; Methode der Untersuchung und ihr Aufriß

§ 5: Ontologische Analytik des Daseins als Freilegung des Horizontes für eine Interpretation des Sinnes von Sein überhaupt (S. 15–19)

Verlaufsplan des ersten Teils von *Sein und Zeit* (drei Abschnitte, dritter Abschnitt unveröffentlicht).

Frage der Zugänglichkeit des Daseins für eine existenziale Analyse. Differenz zwischen ontischer und ontologischer Distanz. Das Dasein ist uns ontisch zwar das Nächste, da wir, die wir fragen, selbst Seiendes sind von der Art des Daseins. Ontologisch hingegen besteht Ferne: Wir selbst sind uns selbst fern.

Vorgehensweise bei der existenzialen Daseinsanalyse: Es darf nicht auf die Humanwissenschaften rekurriert werden, da diese stets bereits fraglos von einer spezifischen Seinsweise ausgehen. Das Dasein muss sich 'an ihm selbst von ihm selbst her zeigen' können. Dies bedarf einer phänomenologischen Zugangsweise. Das Dasein muss so beschrieben werden, wie es sich in seiner Alltäglichkeit zeigt, ohne vorgängige Differenzierung in essentielle und nicht essentielle Merkmale.

Die phänomenologische Analyse des Daseins wird die Zeitlichkeit als Sinn des Seins des Daseins aufweisen. Das Sein des Daseins ist fundamental zeitlich: Das Dasein 'ist', indem es zeitlich existiert. Dasein ist wesentlich als zeitlich zu verstehen. Die Existenzialien, die als Strukturmomente des Daseins aufgewiesen werden, sind als Modi der Zeitlichkeit verstehbar (=2. Abschnitt von *Sein und Zeit*).

Weil Dasein nur zeitlich verstanden werden kann, ergibt sich: Da Dasein wegen seiner ontologischen Verfasstheit stets schon ein vorgängiges Seinsverständnis hat und sein Existieren wesentlich zeitlich ist, kann nur unter der Voraussetzung der Zeit jedes Verstehen von Sein gewonnen werden. Fragt man nach dem Sinn von Sein, so ist darin schon immer wesentlich die Frage nach der Zeit mit impliziert. Der Horizont jedweden Verständnisses von Sein ist die Zeit. Sie ist auch das zentrale Thema der Fundamentalontologie. Differenz zum Zeitthema in der traditionellen Ontologie: Überwindung der 'vulgären' Auffassung der Zeit mit ihrer Entgegensetzung von Ewigem als Unzeitliches und Zeitlichem als 'Inder-Zeit-Sein'. Das Ewige bzw. Unzeitliche soll selbst als Zeitmodalität erwiesen werden. Dies wird in *Sein und Zeit* noch geleistet, bevor das

Fragment nach dem zweiten Abschnitt abbricht. (Unerledigte) Aufgabe des dritten Abschnittes: Ausarbeitung der `Temporalität' des Seins als Antwort auf die Frage nach dem Sinn von `Sein'. Differenz zwischen `Zeitlichkeit' und `Temporalität': Zeitlichkeit ist nur bezogen auf die Seinsweise des Daseins, Temporalität hingegen bezogen auf alle Seinsmodi, die möglich sind. Zusammenhang bzw. Fundierungsverhältnis zwischen Zeitlichkeit und Temporalität: In der Temporalität des Seins selbst gründet die Zeitlichkeit als der eigentümliche Seinsmodus des Daseins. Nachdem die konstitutive Zeitlichkeit des Seins des Daseins aufgezeigt ist, hat eine `Kehre' zu erfolgen (`Zeit und Sein'; nicht ausgeführt).

§ 6: Aufgabe einer Destruktion der Geschichte der Ontologie (S. 19–27)

Zielsetzung des zweiten Teils von *Sein und Zeit*: Destruktion der Geschichte der Ontologie; Ausarbeitung der Frage nach der Temporalität des Seins selbst; Aufdeckung der Grundlagen der Ontologie und dabei zentral der Historie des Zeitbegriffes als in der Zeitlichkeit qua Geschichtlichkeit des Daseins begründet; Aufweis der `Anwesenheit´ als desjenigen Sinnes, in dem Sein in der Tradition des Abendlandes einzig gedacht wird. Sein wurde als `Präsenz´ ontologisch-temporal stets nur von der Gegenwart her verstanden. Damit die Frage nach dem Sein wieder sinnhaft werden kann, gilt es, sich durch `Destruktion´ zu lösen (Vernichten/Zerstören; genealogischer Rückgang; das Verstellende beseitigendes Entfernen; `abbauende´ Freilegung der Fundamente bzw. des Ursprünglichen) von dem bestimmenden Verständnis von Sein von der Anwesenheit her. Absicht, die Destruktion der Geschichte der Ontologie vorzunehmen im genealogischen Rückgang auf Aristoteles über Descartes und beginnend bei Kant.

§ 7: Phänomenologische Methode der Untersuchung (S. 27–39)

Erläuterungen zur phänomenologischen Methode der fundamentalontologischen Untersuchung: Die Untersuchungsmethode muss phänomenologisch sein, da nichts aus der ontologischen Tradition vorausgesetzt werden und darauf aufgebaut werden darf.

A. Phänomenbegriff: Phänomen: das ʾSich-an-ihm-selbst-zeigendeʾ, das Offenbare. Differenz Phänomen–Erscheinung: Erscheinung – *Etwas* zeigt sich in der Erscheinung, das nicht selbst erscheint. Dagegen *Selbstständigkeit* des Phänomens: Das Phänomen kann die Erscheinung bzw. Erscheinungen begründen.

B. Logosbegriff: Grundbedeutung: ʾRedeʾ. Etwas, nämlich das, wovon der Logos bzw. die Rede handelt, wird zu sehen gegeben. Grundlegende Bedeutung des Logos: Logos als Logos apophantikos (aufzeigender Logos); Logos in dieser Grundbedeutung zugleich Grundlage der Phänomenologie. Bivalenz des Logos: wahr oder falsch. Wahrheit des Logos: Wenn der Logos das, wovon er handelt, ʾent-decktʾ, d.h. herausführt aus der Verborgenheit. Falschheit des Logos: Der Logos täuscht über das, wovon er handelt, er ʾver-decktʾ es.

C. Phänomenologievorbegriff: Phänomenologie – Sehenlassen dessen, was sich von sich selbst her zeigt, als solches. Fundamentalontologie muss als Wissenschaft der Seinsweisen jedenfalls Phänomenologie sein, da ihr ʾGegenstandʾ so gezeigt werden soll, wie er ist. Hermeneutischer Charakter der Phänomenologie: Es soll ausgelegt werden, was am Phänomen stets bereits durch uns verstanden wurde – sein Sein.

§ 8: Aufriss der Abhandlung (S. 39–40)

Erster Teil: Die Interpretation des Daseins auf die Zeitlichkeit und die Explikation der Zeit als des transzendentalen Horizontes der Frage nach dem Sein.
Drei Abschnitte:
1. Die vorbereitende Fundamentalanalyse des Daseins;
2. Dasein und Zeitlichkeit;
3. Zeit und Sein.

Zweiter Teil: Grundzüge einer phänomenologischen Destruktion der Geschichte der Ontologie am Leitfaden der Problematik der Temporalität.
Ebenfalls drei Abschnitte:
1. Kants Lehre vom Schematismus der Zeit als Vorstufe einer Problematik der Temporalität;
2. Das ontologische Fundament des 'cogito sum' Descartes' und die Übernahme der mittelalterlichen Ontologie in die Problematik der 'res cogitans';
3. Die Abhandlung des Aristoteles über die Zeit als Diskrimen der phänomenalen Basis und der Grenzen der antiken Ontologie.

Erster Teil
Interpretation des Daseins auf die Zeitlichkeit und Explikation der Zeit als des transzendentalen Horizontes der Frage nach dem Sein

Erster Abschnitt
Vorbereitende Fundamentalanalyse des Daseins (S. 41)

Gliederung des ersten Abschnittes:
Exposition und Abgrenzung der vorbereitenden Analytik des Daseins (1. Kapitel); Freilegung einer Fundamentalstruktur am Dasein: das In-der-Welt-Sein (2. Kapitel); nacheinander analytisch phänomenale Abhebung der konstitutiven Momente des In-der-Welt-Seins (als der ursprünglichen und ganzen Fundamentalstruktur des Daseins): Welt in ihrer Weltlichkeit (3. Kapitel), In-der-Welt-sein als Mit- und Selbstsein (4. Kapitel), In-Sein als solches (5. Kapitel); vorläufige Anzeige des Seins des Daseins: sein existenzialer Sinn als Sorge (6. Kapitel).

Erstes Kapitel
Exposition der Aufgabe einer vorbereitenden Analyse des Daseins

§ 9: Thema der Analytik des Daseins (S. 41–45)

Die Eigentümlichkeiten des Daseins in Differenz zu anderem Seiendem sind durch die fundamentalontologische Analytik des Daseins zu beachten:

1. Das 'Wesen' des Daseins besteht in seinem Zu-sein. 'Das Was-sein (essentia) dieses Seienden muß, sofern überhaupt davon gesprochen werden kann, aus seinem Sein (existentia) begriffen werden.' Zu beachten: Wenn für das Sein des Daseins die Bezeichnung Existenz gewählt wird, so hat dieser Titel nicht die ontologische Bedeutung des überlieferten Terminus existentia und kann sie auch nicht haben; 'existentia besagt nach der Überlieferung ontologisch soviel wie *Vorhandensein*, eine Seinsart, die dem Seienden vom Charakter des Daseins wesensmäßig nicht zukommt.' Daher: Gebrauch des Ausdrucks Vorhandenheit für existentia und Zuweisung von Existenz als Seinsbestimmung allein an das Dasein.

Eigentümlichkeit des Daseins: `Das `Wesen´ des Daseins liegt in seiner Existenz.´ Das Dasein ist in der Weise, dass es sein `Wesen´ ist, dass es dasjenige Seiende ist, dem es in seinem Sein um dieses (sein) Sein selbst geht. 2. Jemeinigkeit: `Das Sein, *darum* es diesem Seienden in seinem Sein geht, ist je meines.´ Es gehört zur Eigentümlichkeit des Daseins, dass es die Struktur der Jemeinigkeit hat: Das Dasein existiert jemeinig. `Existieren´ bedeutet, zu seinem (eigenen) Sein in einem *jemeinigen* Verhältnis zu stehen und es (eigentlich) zu *vollziehen* (oder aber – in spezifischer Weise betrachtet – *gerade nicht* [in der uneigentlichen Existenz; vgl. durchschnittliche Alltäglichkeit; s.u.]).

`Dasein ist daher nie ontologisch zu fassen als Fall und Exemplar einer Gattung von Seiendem als Vorhandenem. Diesem Seienden ist sein Sein `gleichgültig´, genau besehen, es `ist´ so, daß ihm sein Sein weder gleichgültig noch ungleichgültig sein kann.´ (S. 42)

Die Analytik des Daseins bzw. der Existenz hat dies zu berücksichtigen.

`Das Ansprechen von Dasein muß gemäß dem Charakter der *Jemeinigkeit* dieses Seienden stets das *Personal*pronomen mitsagen: `ich bin´, `du bist´.

Und Dasein ist meines wiederum je in dieser oder jener Weise zu sein. Es hat sich schon immer irgendwie entschieden, in welcher Weise Dasein je meines ist. Das Seiende, dem es in seinem Sein um dieses selbst geht, verhält sich zu seinem Sein als seiner eigensten Möglichkeit. Dasein *ist* je seine Möglichkeit und es `hat´ sie nicht nur noch eigenschaftlich als ein Vorhandenes. Und weil Dasein wesenhaft je seine Möglichkeit ist, *kann* dieses Seiende in seinem Sein sich selbst `wählen´, gewinnen, es kann sich verlieren, bzw. nie und nur `scheinbar´ gewinnen. Verloren haben kann es sich nur und noch nicht sich gewonnen haben kann es nur, sofern es seinem Wesen nach mögliches eigentliches, das heißt sich *zueigen* ist. Die beiden Seinsmodi der *Eigentlichkeit* und *Uneigentlichkeit* […] gründen darin, daß Dasein überhaupt durch Jemeinigkeit bestimmt ist.´ (S. 42f.)

Existiert das Dasein real seinen Möglichkeiten entsprechend, ist es eigentliches Dasein, entspricht es diesen nicht, sondern verfehlt sie, ist es uneigentlich. Beides, eigentliches wie uneigentliches Dasein, hat die Analytik des Daseins zu durchleuchten. Um dem Dasein tatsächlich gerecht zu werden, hat sie dabei phänomenologisch ihren Ausgang zu nehmen von der durchschnittlichen Alltäglichkeit, in der das Dasein sich selbst in der Welt vorfindet, indifferent gegenüber seinem eigenen Sein. Diese durchschnittliche Alltäglichkeit aber gerade wird, da unauffällig, zunächst und zumeist bei der Bestimmung des Daseins bzw. des Menschen übersehen und daher außen vor gelassen. Gerade das, was ontisch am Nächsten ist, die durchschnittliche Alltäglichkeit, ist ontologisch dasjenige, was am Fernsten ist.

§ 10: Abgrenzung der Daseinsanalytik gegen Anthropologie, Psychologie und Biologie (S. 45–50)

Anthropologie, Psychologie und Biologie nehmen nie die Spezifik der Seinsweise des *ganzen* Daseins in den Blick, sondern das Dasein lediglich hinsichtlich dessen als ʾwesentlichʾ angesetzter/n Vorhandenheit/en, wo es doch zunächst und zumeist ʾun-wesentlichʾ, nämlich ʾalltäglichʾ ist.

§ 11: Existenziale Analytik und Interpretation des primitiven Daseins. Schwierigkeiten der Gewinnung eines 'natürlichen Weltbegriffes' (S. 50–52)

Alltäglichkeit (oder Eigentlichkeit) des Daseins und (ethnologische) 'Primitivität' sind zu unterscheiden. Jedwede Ethnologie ruht selbst schon auf einer bestimmten 'Analytik des Daseins als Leitfaden' auf, etwa wenn sie zwischen fortgeschrittenen und 'primitiven' Kulturen differenziert.

Zweites Kapitel
In-der-Welt-sein überhaupt als Grundverfassung des Daseins

§ 12: Vorzeichnung des In-der-Welt-seins aus der Orientierung am In-Sein als solchem (S. 52–59)

Dasein ist In-der-Welt-sein, es findet sich stets bereits in einer Welt vor (vgl. § 9). Die Daseinsanalytik ist deshalb vorderhand eine Analyse des (einheitlichen) Phänomens des In-der-Welt-seins in seinen voneinander abhebbaren Aspekten: Weltlichkeit der Welt (Weltbegriff; Drittes Kapitel: §§ *14–24*); In-der-Welt-sein als Mit- und Selbstsein. Das ʻManʻ (Viertes Kapitel: §§ *25–27*); In-sein als solches (Fünftes Kapitel: §§ *28–38*).

Vorabklärung: Das Existenzial des Daseins ʻIn-Seinʻ ist nicht ein wie auch immer räumlich zu verstehendes ʻSein-inʻ. Das ʻSein-inʻ als Räumlichkeit des Daseins ist vielmehr gegründet im In-der-Welt-sein als Fundamentalstruktur am Dasein als ʻWelthaft-seinʻ des Daseins (In-sein als [stets bereits] Umgehen-mit-etwas-oder-jemandem, Vertraut-sein-mit-etwas oder-jemandem etc.: In-sein [in einer Welt] als [stets schon] Sein-bei [der Welt]; vgl. Besorgen, das in der Sorgestruktur des Daseins gründet, s.u.; vgl. wichtige Differenz zur neuzeitlichen Subjektphilosophie: Problem der Vermittlung von Subjekt und Objekt bzw. Welt).

§ 13: Exemplifizierung des In-Seins an einem fundierten Modus. Das Welterkennen (S. 59–62)

Der 'Weltbezug' des Daseins ist von demjenigen eines Subjektes zu unterscheiden. Die Subjektphilosophie mit ihrer Unterscheidung von Subjekt und Objekt und ihrem Problem, wie das Subjekt 'zu(r) (Erkenntnis der subjekttranszendenten) Welt kommt', verfehlt das Weltphänomen. Denn in unserer Welt kommen keine 'Objekte' vor, mit denen wir uns auseinandersetzen. Wird etwas als bloß äußerliches Objekt behandelt bzw. in den Blick genommen, so ist dies das Resultat objektivierender Erkenntnis. Diese aber ist lediglich eine 'Seinsart des In-der-Welt-seins' neben möglichen anderen. Erkennen ist sogar als eine spezifische Defizienz zu verstehen, es ist nämlich Resultat einer 'Defizienz des besorgenden Zu-tun-habens mit der Welt'. Es gründet selbst im In-der-Welt-sein.

Drittes Kapitel
Weltlichkeit der Welt

§ 14: Idee der Weltlichkeit der Welt überhaupt (S. 63-66)

Die Welt ist zu verstehen als Moment des Daseins selbst, nämlich von dessen Verfasstheit als In-der-Welt-sein her, nicht etwa als allgemeines Objekt. 'Welt' ist als Phänomen (phänomenologisch) zu untersuchen. Problem hierbei ist der Phänomencharakter der Welt: Der Welt als (gesamter) Welt begegnen wir, wie es scheint, nie, sondern lediglich Phänomenen, die intramundan sind.

Fraglich ist auch die Distinktion von Sphäre der Natur und Sphäre des Geistes sowie die naturalistische und reduktionistische Rückführung letzterer auf die Natursphäre. Die differente Seinsweise von Natur und Welt wird hier verschleiert. Dies ist unphänomenologisch.

Problem: Wie aber kann dann phänomenologisch die Welt als ganze bzw. als solche aufgewiesen und analysiert werden?

Die Welt als solche vorzufinden ist der Sehweise jedweder ontologischen Vorgehensweise, die die Welt in mehr oder minder viele Klassen von existierenden Objekten und nach Sphären des Seins bzw. Seinsweisen untergliedert, unmöglich. Das fundamentalontologische Unternehmen hingegen ist grundsätzlicher. Sein Ziel ist es, eine Genealogie dieser differenten Seinsregionen bzw. Seinsweisen zu leisten und ihren inneren Sinnzusammenhang zueinander aufzuweisen. Hierfür ist die Gegebenheitsweise der Welt für uns näher zu betrachten.

Der Weltbegriff ist vieldeutig. Mit ihm kann u.a. das Gesamt des Seienden gemeint sein. 'Welt', so verstanden, ist eine bloße Vorstellung, nicht ein Phänomen. Er kann auch eine Region bestimmter Gegenstände bezeichnen, wie etwa die 'Welt des Mathematischen'. Auch hier handelt es sich nicht um ein Phänomen. 'Welt' kann auch die Welt meinen, 'in' der ein bestimmtes Dasein als seine Lebenswelt lebt bzw. zu leben hat. Auch hier stößt man nicht auf 'Welt' als Phänomen. Angemessenerweise meint 'Welt' hingegen Weltlichkeit. Diese ist phänomenologisch aufweisbar. 'Welt' ist phänomenologisch durch Weltlichkeit als Strukturmoment unseres Daseins 'konstituiert'.

Klärung der künftigen Begriffsverwendung: Verwendung von 'Welt' fortan im Sinne von Welt, in der ein bestimmtes Dasein als seine Lebenswelt lebt. 'Welt' als Strukturmoment unseres Daseins wird fortan 'Weltlichkeit' genannt.

Jedes Dasein ist weltlich und keine Weltlichkeit ohne Dasein.

Die Weltlichkeit des Daseins als Phänomen entgeht jeglicher herkömmlichen Ontologie. Phänomenologisch sind nun die bezeichnenden 'Eigenschaften' der Weltlichkeit des Daseins in seiner Alltäglichkeit aufzuweisen. Zu berücksichtigen sind hier auch Verweisung und Zeichen, Bewandtnis und Bedeutsamkeit (§§ 15–18). Die eigentümliche Räumlichkeit des alltäglichen Daseins in seiner Umwelt ist am Beispiel des Descartes von den neuzeitlichen Raumkonzeptionen abzuheben und klarzulegen (§§ 19–21). Die Räumlichkeit des alltäglichen Daseins in seiner Umwelt ist als Existenzial aufzuweisen: Ohne Dasein insofern kein Raum (§§ 22–24).

A. Analyse der Umweltlichkeit und Weltlichkeit überhaupt

§ 15: Sein des in der Umwelt begegnenden Seienden
(S. 66–72)

Das Dasein, das durch In-der-Welt-sein bestimmt ist, ist nicht vorrangig Welterkennen (vgl. § 13), sondern Umgang mit dem innerweltlich Seienden. Differenz zwischen ˋinnerweltlich Seiendem´ und ˋDingen´ der Welt: Das innerweltlich Seiende wird erst zum ˋDing´, wenn in spezifischer Weise mit dem innerweltlich Seienden umgegangen wird. Es ist Resultat einer spezifischen Vollzugsweise des In-der-Welt-seins des Daseins. Gewissermaßen ˋentstehen´ erst hierdurch ˋDinge´. Mit dem innerweltlich Seienden kann recht different umgegangen werden in unterschiedlichen ˋWeisen des Besorgens´. Wir leben als Dasein phänomenologisch ursprünglich nicht in einer ˋDingwelt´, sondern in einer Welt von ˋZeug´. Wir gehen als Dasein mit dem innerweltlichen Seienden in der Weise des Besorgens praktisch um als ˋZeug´ (z.B. Schreibzeug, Werkzeug). Wird mit innerweltlich Seiendem als Zeug in einem praktischen Kontext umgegangen, so ist es just nicht ˋDing´. Das Werkzeug wird erst zum ˋDing´, so man von diesem Kontext abblendet bzw. bzw. es von diesem absondert und es ihm entnimmt. Heidegger: ˋ*Ein* Zeug ˋist´ strenggenommen nie.´ (S. 68). Jedes Zeug ist dadurch charakterisiert, dass es als sein ˋUm-zu´ in einem spezifischen Verweisungszusammenhang steht, dem Zeugzusammenhang.

Seinsdifferenz zwischen Ding und Zeug: Zeug hat die Seinsweise der Zuhandenheit, Dingen kommt (bloß) die Seinsweise der Vorhandenheit zu.

Das Dasein, das mit Zeug als gegenwärtig Zuhandenem umgeht, tut dies in der spezifischen Weise der Umsicht. Die Seinsweise der Zuhandenheit ist nicht mit Gegenständlichkeit zu verwechseln. Zuhandenheit ist auch nicht subjektiv, denn: ˋZuhandenheit ist die ontologisch-kategoriale Bestimmung von Seiendem, wie es ˋan sich´ ist.´ Gegenständlichkeit ist derivatär zur Zuhandenheit; sie entsteht durch Abblendung vom Zusammenhang der Praxis, in dem das Zeug funktionales Moment eines Verrichtungskontextes ist. Auch Naturseiendes erschließt sich erst über den Um-zu-Charakter des Zeugzusammenhanges. Allerdings eröffnet sich auch die Möglichkeit eines Verhältnisses zur Natur, das jenseits ist von Zuhandenheit (als Verwertbarkeit des Naturseienden) oder aber Vorhandenheit (in *Sein und Zeit* nicht weiter entfaltet).

Die Zuhandenheit als die Seinsweise des Zeugs ist prioritär zur Vorhandenheit als der Seinsweise der Dinge. Diese ist jener ontologisch nachgeordnet.

Auf welche Weise nun aber wird uns die Zuhandenheit als die spezifische Seinsweise des Zeugs eröffnet? `Aufgabe´ und `Verrichtung(szweck)´ des Einzelzeuges ergeben sich aus dem `Zeugganzen´ als dem Gesamt der Zeuge und seinen internen Relationen. Die Eröffnetheit dieses Zeugganzen ist die Voraussetzung für die Zugänglichkeit der Zuhandenheit als dem eigentümlichen Seinsmodus des Zeugs.

§ 16: Am innerweltlich Seienden sich meldende Weltmäßigkeit der Umwelt (S. 72–76)

Damit die phänomenologische Untersuchung der 'Welt' des Daseins (Weltlichkeit), die uns, wie sich zeigt, nicht ohne Weiteres zugänglich ist, fortschreiten kann, muss die Welt als Zeugganzes phänomenal zugänglich und aufweisbar werden. Dies ist dann der Fall, wenn der Verweisungszusammenhang gestört ist bzw. wird. Dies geschieht, wenn ein bestimmtes Zeug nicht zuhanden, sondern unzuhanden ist, wenn es etwa nicht bereit oder am 'falschen' Platz liegt oder aufgrund seiner Beschaffenheit gerade nicht dazu 'taugt', um seinen Zweck im Zeugzusammenhang zu erfüllen. Denn gerade in solch einer 'Störung' erscheint der Verweisungszusammenhang der Welt. Geht beispielsweise die Mine des Kugelschreibers zur Neige und der Kugelschreiber schreibt nicht mehr, so stößt das Dasein in der Suche nach der Ersatzmine auf vielfältiges anderes 'Zeugs', das ihm in auffälliger und geradezu aufsässiger Weise im Wege herumsteht (etwa ein Schreibtischstuhl im Arbeitszimmer, das nun aufgesucht wird) oder herumliegt (z.B. Radiergummis, Bleistiftspitzer, Heftklammern und dergleichen im Fach des Schreibtisches). Klemmt dann etwa gerade diejenige Schublade, in der das Dasein die Ersatzmine vermutet, so kann geradezu von Aufsässigkeit gesprochen werden. Hierdurch erscheint am Zuhandenen der Modus der Vorhandenheit:

'Die Modi der Auffälligkeit, Aufdringlichkeit und Aufsässigkeit haben die Funktion, am Zuhandenen den Charakter der Vorhandenheit zum Vorschein zu bringen' (S. 74)

Ex negativo wird phänomenal der originäre Funktionskontext offenbar: 'In einer Störung der Verweisung – in der Unverwendbarkeit für ... wird aber die Verweisung ausdrücklich.' (S. 74)

In solcher im vertrauten Besorgen auftretenden 'Störung der Verweisung' wird auch die Welt als Zeugganzes in ihrem Verweisungszusammenhang transparent und phänomenologischer Analyse zugänglich.

§ 17: Verweisung und Zeichen (S. 76–83)

Die Verweisung als Phänomen muss eingehender geklärt werden: Dies geschieht über das bzw. die Zeichen als dasjenige Zeug über das bzw. mit dem wir zeigen. Das Zeichen bietet sich für eine genauere Darlegung an, weil ihm als Zeichen die Funktion der Verweisung zukommt. Das, was ein Zeichen bedeutet, ist bestimmt allein durch seine Verwendung wie das innere Verweisungs- und Bezogenheitsgefüge des Zuhandenen insgesamt durch die Praxis des Umgangs mit ihm. Regeln (bzw. eine Regel) erläutern dies, nicht etwa wird hierdurch die Bedeutung gestiftet.

Geht das Zeichen seines Zeugcharakters verlustig, indem es keine Verweisungsfunktion mehr hat, wird das Zeichen vom Zeigezeug zum Zeigeding. Dies etwa geschieht, wenn das Zeichen thematisiert wird. Allein in seinem Gebrauch ist (und bleibt) das Zeichen eigentlich, was es als Zeichen ist.

Im Verweisungsgeflecht der Welt kann Zuhandenes in die Aufmerksamkeit kommen dadurch, dass es fehlt. Es fällt auf, indem es nicht zuhanden ist. Allein weil dies so ist, kann ein Zeichen zeigen. Als Zeichen verweist es nämlich eben auf etwas, was in dem Moment, in dem das Zeichen verwendet wird, nicht zuhanden ist. Nur wegen der Nichtzuhandenheit dessen, worauf das Zeichen verweist, wird das Zeichen verwendet, um nämlich auf das zu zeigen, was gerade nicht zuhanden ist. In den Zeichen wird so das Verweisungsgefüge der Welt transparent, indem sich `die Weltmäßigkeit des Zuhandenen meldet´ (S. 80).

Grundsätzlich kann alles, was in der Welt ist, Zeichencharakter annehmen, z.B. `gilt´ in der Landbestellung der Südwind `als Zeichen für Regen´ (S. 80).

§ 18: Bewandtnis und Bedeutsamkeit; Weltlichkeit der Welt (S. 83–88)

Zuhandenes verweist als Zeug auf anderes, wozu es benötigt wird. Über das Verweisungsmoment des Zuhandenen tut Welt sich auf. Die Verweisung bestimmt sich daher vom Zeugzusammenhang her, sie ist nicht so etwas wie eine dingliche `Eigenschaft´ des Zeugs (als Ding). Vom Zeugzusammenhang als Bewandtniszusammenhang bestimmt sich für das einzelne Zuhandene dessen (praktische) Bewandtnis. Es besteht eine Vorgängigkeit des Bewandtniszusammenhanges gegenüber der Bewandtnis des einzelnen Zeugs. Dadurch kann es zur Ersetzung fehlenden Zeugs durch anderes kommen oder etwa dazu, dass Beschädigtes repariert wird, damit es seine Bewandtnis erfüllt. Aufgrund der Vorgängigkeit des Bewandtniszusammenhanges erst ist es auch möglich, Zeug neu zu kreieren.

Der Bewandtniszusammenhang als ganzer aber kommt vom Sein des Daseins her, das es `apriorisch´ in bestimmter Weise hat `bewenden´ lassen und dem Zuhandenen so seine Bewandtnis verliehen hat (auf Bewandtnis hin freigebendes Je-schon-haben-bewenden-lassen). Dies ist die `Bedingung der Möglichkeit dafür, daß Zuhandenes begegnet´ (S. 85) für seine Verwendung.

Das Dasein als In-der-Welt-sein selbst ist im Verweisungs- bzw. Bewandtnisgefüge der Welt so zu verorten, dass es im Verstehen seines eigenen In-der-Welt-seins Seiendes als Zuhandenes begegnen lässt, und zwar begegnen als funktionelles Moment eines Bewandtnisganzen, innerhalb dessen dem Zuhandenen eine einer Bewandtnis entsprechende Dienlichkeit, Verwendbarkeit oder Tauglichkeit zukommt.

Auf die Welt als das Ganze des Zuhandenen hin versteht das Dasein sich selbst. Dasein ist Weltlichkeit und Welt Moment des Daseins selbst. Dadurch, dass das Dasein weltlich ist, ist das Dasein da.

Die Bedeutsamkeit der Welt besteht darin, dass das Dasein in seinem In-der-Welt-sein sich selbst seine Möglichkeiten `bedeutet´, mithin das, was es ist und was es sein kann. Über die Bedeutsamkeit wird so Welt als Bewandtnisganzheit des Zuhandenen, das aufeinander verwiesen ist, entfaltet. Die Bedeutsamkeit ist Bedingung der Möglichkeit der Bewandtnisganzheit.

Mit dem Erweis, dass und inwiefern Welt ein Moment des Daseins selbst ist, ist eine erste Analyse der Welt bzw. der Weltlichkeit geleistet. Um `die spezifisch ontologische Problematik der Weltlichkeit´ noch schärfer abzuheben, soll nun `vor der Weiterführung der Analyse die Interpretation der Weltlichkeit an einem extremen Gegenfall verdeutlicht werden´ (S. 88).

B. Abhebung der Analyse der Weltlichkeit gegen die Interpretation der Welt bei Descartes

§ 19: Bestimmung der ˋWeltˊ als res extensa (S. 89–92)

Einigermaßen eingehende Interpretation der Auffassung der Welt durch Descartes, die Heidegger als extremer Gegenfall zu seiner eigenen Auffassung gilt.

Interpretationsresultate: Auffassung von ˋWeltˊ bei Descartes: bestehend (nur) aus körperlichen Dingen (= ˋNaturˊ). Wesentliches der res corporeae: Ausdehnung. Das Sein der Körperdinge ist die Ausdehnung. In deren mannigfachen Veränderungen hält sich dieses als deren Träger durch. Ausdehnung ist somit das eigentlich Seiende am Körperding, seine Substanz:

> ˋDas, was am Körperding einem solchen ständigen Verbleib genügt, ist das eigentlich Seiende an ihm, so zwar, daß dadurch die Substanzialität dieser Substanz charakterisiert wird.ˊ (S. 92)

Ausdehnung ist auch das Wesentliche der Welt als solcher bzw. der Natur.

§ 20: Fundamente der ontologischen Bestimmung der 'Welt' (S. 92-95)

'Die Idee von Sein, darauf die ontologische Charakteristik der res extensa zurückgeht, ist die Substanzialität. Per substantiam nihil aliud intelligere possumus, quam rem quae ita existit, ut nulla alia re indigeat ad existendum. Unter Substanz können wir nichts anderes verstehen als ein Seiendes, das so ist, daß es, um zu sein, keines anderen Seienden bedarf. [...] Das Sein einer 'Substanz' ist durch eine Unbedürftigkeit charakterisiert.' (S. 92)

'Das Sein der Substanz ist, folgt man der Tradition der Metaphysik, die Substanz als dasjenige definiert, was für sein Sein keines anderen (Seienden) bedarf, die Unbedürftigkeit. 'Was in seinem Sein schlechthin eines anderen Seienden unbedürftig ist, das genügt im eigentlichen Sinn der Idee der Substanz – dieses Seiende ist das ens perfectissimum. Substantia quae nulla plane re indigeat, unica tantum potest intelligi, nempe Deus [...]' (S. 92).

Zuhöchst ist Unbedürftigkeit das Kennzeichen Gottes als des ens perfectissimum, des vollkommensten und allerrealsten Wesens. Das ens creatum, das geschaffene Seiende, ist bedürftig, da abhängig, und daher nicht der Definition der Substanz entsprechend. Gleichwohl existieren nach Descartes zwei endliche Substanzen, nämlich die Ausdehnung (res extensa) und das Denken (res cogitans): Ihnen kommt nach Descartes jedenfalls in Relation zum geschaffenen Seienden die gebotene Unbedürftigkeit zu. Gleichwohl besteht ein grundlegender und, recht bedacht, unendlicher und damit unüberbrückbarer Unterschied zwischen dem Sein Gottes, der ungeschaffen ist, und demjenigen von res cogitans und res extensa, die Geschaffenes sind.

'[...] wäre das Bedeuten von 'ist' ein einsinniges, dann würde das Geschaffene als Ungeschaffenes gemeint oder das Ungeschaffene zu einem Geschaffenen herabgezogen.' (S. 93).

Gleichwohl hat Descartes, der 'hinsichtlich der ontologischen Durcharbeitung des Problems weit hinter der Scholastik zurück[bleibt]' (S. 93, gemeint sind die verschiedenen scholastischen Lehren von der analogen Bedeutung von 'Sein'), angesichts dieser fundamentalen Seinsdifferenz, die von ihm konstatiert wird, nicht die Frage nach dem Sinn von 'Sein' gestellt, wie es konsequent gewesen wäre, sondern ist ihr ausgewichen (und hat sie sogar verdeckt), wenn er das Sein des Ungeschaffenen und das des Geschaffenen als 'Substanz-Sein' entwirft und konzeptualisiert.

'Dieses Ausweichen besagt, Descartes läßt den in der Idee der Substanzialität beschlossenen Sinn von Sein und den Charakter der 'Allgemeinheit' dieser Bedeutung unerörtert.' (S. 93)

Descartes klärt die Idee der Substanzialität nicht nur nicht auf, sondern gibt sie darüberhinaus sogar für unaufklärbar aus, da er ausdrücklich betont, `die Substanz als solche, das heißt ihre Substanzialität, sei vorgängig an ihr selbst für sich unzugänglich´ (S. 94). Es kommt so zu einer Verabsolutierung von Substanzialität als einzige Seinsweise. In einer doch unterschwellig vorausgesetzten Auffassung des Sinnes von Sein wird Substanzialität dabei verstanden aus der extensio, also aus einer seienden Beschaffenheit der substantia finita als res corporea. Ontologischem wird damit Ontisches unterlegt. Auf `die Möglichkeit einer reinen Problematik des Seins´ (S. 94) wird so grundsätzlich verzichtet.

§ 21: Hermeneutische Diskussion der cartesischen Ontologie der 'Welt' (S. 95–101)

Dadurch, dass Descartes den Seinssinn auf die Seinsweise der Substanz verkürzt, übergeht er das Phänomen der Welt. Dies hängt mit seiner ontologischen Ausgangsstellung zusammen bzw. seiner ontologischen Grundlage: Auf dieser Grundlage kann die für das Dasein charakteristische Weltlichkeit gar nicht gedacht werden, etwa die Seinsweise der Zuhandenheit. Das wahrhaft, das eigentlich Seiende ist, dieser Ausgangsbasis gemäß, das, was sich ständig durchhält, 'das, *was immer ist, was es ist*' (S. 95). Am erfahrenen Seienden der Welt macht

> 'das sein eigentliches Sein aus, von dem gezeigt werden kann, daß es den Charakter des ständigen Verbleibs hat, als remanens capax mutationum. Eigentlich ist das immerwährend Bleibende. Solches erkennt die Mathematik. Was durch sie am Seienden zugänglich ist, macht dessen Sein aus. So wird aus einer bestimmten Idee von Sein, die im Begriff der Substanzialität eingehüllt liegt, und aus der Idee einer Erkenntnis, die so Seiendes erkennt, der 'Welt' ihr Sein gleichsam zudiktiert. Descartes läßt sich nicht die Seinsart des innerweltlichen Seienden von diesem vorgeben, sondern auf dem Grunde einer in ihrem Ursprung unenthüllten, in ihrem Recht unausgewiesenen Seinsidee (Sein = ständige Vorhandenheit) schreibt er der Welt gleichsam ihr 'eigentliches' Sein vor. Es ist also nicht primär die Anlehnung an eine zufällig besonders geschätzte Wissenschaft, die Mathematik, was die Ontologie der Welt bestimmt, sondern die grundsätzliche ontologische Orientierung am Sein als ständiger Vorhandenheit, dessen Erfassung mathematische Erkenntnis in einem ausnehmenden Sinne genügt. Descartes vollzieht so philosophisch ausdrücklich die Umschaltung der Auswirkung der traditionellen Ontologie auf die neuzeitliche mathematische Physik und deren transzendentale Fundamente.' (S. 95f.)

Wird Welt auf Natur verkürzt, so erscheint als die ihr gemäße Zugangsart die mathematisch-physikalische Methode.

Descartes übergeht das Weltphänomen, und Welt und Dasein verkürzen sich auf Natur und Ich – Ich dabei substanzhaft seiend gedacht als Denken, res cogitans, d.h. als der Träger der wechselnden Akte des Denkens, der beharrend bestehen bleibt. Doch, so Heidegger vorausblickend v.a. auf den dritten (unveröffentlichten) Abschnitt von *Sein und Zeit*, ist solcherart ontologische Verkürzung nicht etwa eine Eigenheit des Descartes, sondern

> 'das Überspringen der Welt und des zunächstbegegnenden Seienden [ist] nicht zufällig […], [ist] kein Versehen, das einfach nachzuholen wäre, son-

dern [...] [gründet] `in einer wesenhaften Seinsart des Daseins selbst [...]´ (S. 100; Hervorhebungen R.M.)

Dies wäre zu erweisen. Desgleichen näherhin, warum (bereits) `im Anfang der für uns entscheidenden ontologischen Tradition – bei *Parmenides* explizit – das Phänomen der Welt übersprungen wurde; woher stammt die ständige Wiederkehr dieses Überspringens?´ (S. 100). Zudem müsste auch dargetan werden, inwiefern das `Überspringen´ des Weltphänomens mit seiner Substitution durch das Welt-Surrogat Natur (und `die nachträgliche Ausstattung des Seienden mit Wertprädikaten´, die als Wertcharaktere `selbst nur ontische Bestimmtheiten eines Seienden bleiben, das die Seinsart eines Dinges hat´ [S. 99][4]) als Möglichkeit des Daseins, als Existenzmodus zu verstehen ist.

Zunächst jedoch ist in Abgrenzung von der Metaphysik der Vorhandenheit die Weltlichkeit des Daseins näher darzulegen unter dem spezifischen Aspekt des `Umhaften´ der Umwelt und der Räumlichkeit des Daseins.

---

4   Heidegger stellt hier fest: `Der Zusatz von Wertprädikaten vermag nicht im mindesten einen neuen Aufschluß zu geben über das Sein der Güter, *sondern setzt für diese die Seinsart purer Vorhandenheit nur wieder voraus*. Werte sind *vorhandene* Bestimmtheiten eines Dinges. Werte haben am Ende ihren ontologischen Ursprung einzig im vorgängigen Ansatz der Dingwirklichkeit als der Fundamentalschicht´ (S. 99).

C. Umhaftes der Umwelt und Räumlichkeit des Daseins

Heidegger umreißt zu Beginn die Aufgabe der folgenden Paragraphen:
'Im Zusammenhang der ersten Vorzeichnung des In-Seins (vergleiche § 12) mußte das Dasein gegen eine Weise des Seins im Raum abgegrenzt werden, die wir die Inwendigkeit nennen. Diese besagt: ein selbst ausgedehntes Seiendes ist von den ausgedehnten Grenzen eines Ausgedehnten umschlossen. Das inwendig Seiende und das Umschließende sind beide im Raum vorhanden. Die Ablehnung einer solchen Inwendigkeit des Daseins in einem Raumgefäß sollte jedoch nicht grundsätzlich jede Räumlichkeit des Daseins ausschließen, sondern nur den Weg freihalten für das Sehen der dem Dasein wesentlichen Räumlichkeit. Diese muß jetzt herausgestellt werden. Sofern aber das inner*weltlich* Seiende gleichfalls im Raum ist, wird dessen Räumlichkeit in einem ontologischen Zusammenhang mit der Welt stehen. Daher ist zu bestimmen, in welchem Sinne der Raum ein Konstituens der Welt ist, die ihrerseits als Strukturmoment des In-der-Welt-seins charakterisiert wurde. Im besonderen muß gezeigt werden, wie das Umhafte der Umwelt, die spezifische Räumlichkeit des in der Umwelt begegnenden Seienden selbst durch die Weltlichkeit der Welt fundiert und nicht umgekehrt die Welt ihrerseits im Raum vorhanden ist.' (S. 100f.)

Die gewöhnliche Raum- bzw. Räumlichkeitsvorstellung ist diejenige eines Containers, in dem alles Seiende sich befindet, einschließlich uns selbst. Das Dasein befindet sich gemäß dieser Vorstellung in einem Raum, der ihm selbst äußerlich bleibt, in einem 'Raumcontainer'. Die Vorstellung einer solchen 'Inwendigkeit des Daseins in einem Raumgefäß' ist aber abzulehnen, da die Räumlichkeit des Daseins, wie auf phänomenologischem Wege in die Sichtbarkeit zu erheben ist, anders verstanden werden muss: Welt ist ein 'Strukturmoment des In-der-Welt-seins'. Ist sie aber als Bestimmungsmoment des Daseins ein Existenzial, so gilt dies auch für die Räumlichkeit der Welt. Räumlichkeit ist als Strukturmoment der Welt ein Strukturmoment des Daseins, da Welt ja ein Strukturmoment des In-der-Welt-seins des Daseins ist. Das Dasein ist mithin selbst als signifikant räumlich zu erweisen, als räumlich in einer für das Dasein charakteristischen Form.

Für die 'Untersuchung der Räumlichkeit des Daseins und der Raumbestimmtheit der Welt' (S. 102) stellt Heidegger das folgende dreistufige Untersuchungsprogramm auf: Ausgehend 'bei einer Analyse des innerweltlich im Raum Zuhandenen' (S. 102), will er erhellen:' […]

    1. Die Räumlichkeit des innerweltlich Zuhandenen (§22),
    2. die Räumlichkeit des In-der-Welt-seins (§ 23),
    3. die Räumlichkeit des Daseins und der Raum (§ 24).'

§ 22: Räumlichkeit des innerweltlich Zuhandenen (S. 102–104)

Im In-der-Welt-sein geht das Dasein vorrangig mit Zuhandenem um. Dessen Räumlichkeit ist von derjenigen des Vorhandenen zu unterscheiden. Während die Räumlichkeit des Vorhandenen ausmessbar ist, hat `[d]as Zuhandene des alltäglichen Umgangs [hat] den Charakter der *Nähe*. Genau besehen ist diese Nähe des Zeugs in dem Terminus, der sein Sein ausdrückt, in der `Zuhandenheit´, schon angedeutet [...]´ (S. 102), denn es ist `zur Hand´.

> `Das `zur Hand´ Seiende [aber; R.M.] hat je eine verschiedene Nähe, die nicht durch Ausmessen von Abständen festgelegt ist. Diese Nähe regelt sich aus dem umsichtig `berechnenden´ Hantieren und Gebrauchen.´ (S. 102).

Die Nähe des Zuhandenen bestimmt sich aus dem Umgang mit dem jeweiligen Zeug her. Sie ist `ausgerichtete Nähe´ (S. 102). Jedem Zeug kommt ein bestimmter Platz zu, den es einzunehmen hat. Ist dies nicht der Fall, so `liegt [es] herum´ (S. 102). Dies aber ist etwas ganz anderes als das bloße Einnehmen einer bestimmten Raumstelle.

Heidegger konstatiert:

> `Die Umsicht des Besorgens fixiert das in dieser Weise Nahe zugleich hinsichtlich der Richtung, in der das Zeug jederzeit zugänglich ist. Die ausgerichtete Nähe des Zeugs bedeutet, daß dieses nicht lediglich, irgendwo vorhanden, seine Stelle im Raum hat, sondern als Zeug wesenhaft an- und untergebracht, aufgestellt, zurechtgelegt ist. Das Zeug hat seinen *Platz*, oder aber es `liegt herum´, was von einem puren Vorkommen an einer beliebigen Raumstelle grundsätzlich zu unterscheiden ist. Der jeweilige Platz bestimmt sich als Platz dieses Zeugs zu ... aus einem Ganzen der aufeinander ausgerichteten Plätze des umweltlich zuhandenen Zeugzusammenhangs. Der Platz und die Platzmannigfaltigkeit dürfen nicht als das Wo eines beliebigen Vorhandenseins der Dinge ausgelegt werden. Der Platz ist das je bestimmte `Dort´ und `Da´ des *Hingehörens* eines Zeugs. Die jeweilige Hingehörigkeit entspricht dem Zeugcharakter des Zuhandenen, das heißt seiner bewandtnismäßigen Zugehörigkeit zu einem Zeugganzen.´ (S. 102f.)

Ein Zeug wird auffällig erst durch seine Funktion in der Welt als Bewandtniszusammenhang, nämlich dann, wenn es nicht an `seinem´ Platz zu finden ist. Das Zuhandene als Zeug gehört als Moment in das Zeugganze, ist als Zeug auf ihn verweisen und an ihn gebunden. Nur innerhalb seiner erfüllt es seine Funktion. Die Räumlichkeit des Zeugganzen wiederum ist die Gegend. Sie ist das `im besorgenden Umgang umsichtig vorweg im Blick gehaltene Wohin des möglichen zeughaften Hingehörens´ (S. 103). Will man ermitteln, welches der exakte

Platz eines Zuhandenen ist, will man also klären, wohin etwas gehört und wohin nicht, so geschieht die Ermittlung des gebührenden bzw. passenden Platzes nicht etwa dadurch, dass eine Gegend als Raum ausgemessen würde. Gegenden sind gar keine Räume, die ausmessbar wären, wie Plätze, sie sind nicht Raumpunkte. `Gegend´ meint immer bereits vorgängige Entdecktheit für `das Anweisen und Vorfinden von Plätzen einer umsichtig verfügbaren Zeugganzheit´ (S. 103):

> `Diese gegendhafte Orientierung der Platzmannigfaltigkeit des Zuhandenen macht das Umhafte, das Um-uns-herum des umweltlich nächstbegegnenden Seienden aus. Es ist nie zunächst eine dreidimensionale Mannigfaltigkeit möglicher Stellen gegeben, die mit vorhandenen Dingen ausgefüllt wird. Diese Dimensionalität des Raumes ist in der Räumlichkeit des Zuhandenen noch verhüllt. Das `Oben´ ist das `an der Decke´, das `Unten´ das `am Boden´, das `Hinten´ das `bei der Tür´; alle Wo sind durch die Gänge und Wege des alltäglichen Umgangs entdeckt und umsichtig ausgelegt, nicht in betrachtender Raumausmessung festgestellt und verzeichnet.
>
> Gegenden werden nicht erst durch zusammen vorhandene Dinge gebildet, sondern sind je schon in den einzelnen Plätzen zuhanden. Die Plätze selbst werden dem Zuhandenen angewiesen in der Umsicht des Besorgens oder sie werden als solche vorgefunden. Ständig Zuhandenes, dem das umsichtige In-der-Welt-sein im vorhinein Rechnung trägt, hat deshalb seinen Platz. Das Wo seiner Zuhandenheit ist für das Besorgen in Rechnung gestellt und auf das übrige Zuhandene orientiert. [...] Die vorgängige Entdeckung der Gegenden ist durch die Bewandtnisganzheit mitbestimmt, auf die das Zuhandene als Begegnendes freigegeben wird.
>
> Die vorgängige Zuhandenheit der jeweiligen Gegend hat in einem noch ursprünglicheren Sinne als das Sein des Zuhandenen *den Charakter der unauffälligen Vertrautheit.´* (S. 103f.)

Die unauffällige Vertrautheit wird selbst `nur sichtbar in der Weise des Auffallens bei einem umsichtigen Entdecken des Zuhandenen und zwar in den defizienten Modi des Besorgens. Im Nichtantreffen von etwas an *seinem* Platz wird die Gegend des Platzes oft zum erstenmal ausdrücklich als solche zugänglich´ (S. 104). Wie bereits beim Zuhandenen ergibt sich hier eine Auffälligkeit und damit Zugänglichkeit ex negativo, nämlich über die `defizienten Modi des Besorgens´ (S. 104). Dem Dasein wird in der Umsicht die Gegend erst zugänglich, wenn etwas nicht an seinem Platz ist und es danach sucht. Dabei ist ihm der Raum `in die Plätze aufgesplittert´ (S. 104), nämlich die Plätze, an denen das Gesuchte sein müsste. Hierdurch erschließt sich dem Dasein die Gegend des Platzes oft erstmalig ausdrücklich als solche.

Die Umwelt in ihrer phänomenologisch aufweisbaren Räumlichkeit gibt es nur, weil das Dasein in gewisser Weise selbst räumlich ist:

`Das Begegnenlassen von Zu-handenem in seinem umweltlichen Raum bleibt ontisch nur deshalb möglich, weil das Dasein selbst in seinem In-der-Welt-sein `räumlich´ ist.´ (S. 104)

§ 23: Räumlichkeit des In-der-Welt-seins (S. 104–110)

Die Räumlichkeit des Daseins selbst ist nun genauer aufzuzeigen. Heidegger stellt zu Eingang dieses Paragraphen fest:
> 'Wenn wir dem *Dasein* Räumlichkeit zusprechen, dann muß dieses 'Sein im Raume' offenbar aus der Seinsart dieses Seienden begriffen werden. Räumlichkeit des Daseins, das wesenhaft kein Vorhandensein ist, kann weder so etwas wie Vorkommen an einer Stelle im 'Weltraume' bedeuten, noch Zuhandensein an einem Platz. Beides sind Seinsarten des innerweltlich begegnenden Seienden.' (S. 104)

Das 'Räumlichsein' des Daseins ist weder als Vorhandenheit im Weltraum noch als Zuhandenheit an einem Platz zu verstehen. Denn dies sind Seinsarten desjenigen Seienden, das innerweltlich begegnet.

> 'Das Dasein aber ist 'in' der Welt im Sinne des besorgend-vertrauten Umgangs mit dem innerweltlich begegnenden Seienden. Wenn ihm sonach in irgendeiner Weise Räumlichkeit zukommt, dann ist das nur möglich auf dem Grunde dieses In-Seins. Dessen Räumlichkeit aber zeigt die Charaktere der *Ent-fernung* und *Ausrichtung*.' (S. 104f.)

Kommt dem Dasein Räumlichkeit zu, so ist diese über dessen In-Sein zu finden und näher zu bestimmen. Wegen seines In-Seins ist es stets bereits beim innerweltlich Begegnenden, mit dem es besorgend-vertraut umgeht. Die spezifische Räumlichkeit des Daseins hat als Ausdruck seines besorgend tätigen Umgangs mit dem innerweltlich begegnenden Seienden näherhin einen tätigen Zug, sie weist die Charaktere der Ent-fernung und Ausrichtung auf.

Zum Räumlichkeitscharakter der Entfernung erläutert Heidegger:
> 'Unter Entfernung als einer Seinsart des Daseins hinsichtlich seines In-der-Welt-seins verstehen wir nicht so etwas wie Entferntheit (Nähe) oder gar Abstand. Wir gebrauchen den Ausdruck Entfernung in einer aktiven und transitiven Bedeutung. Sie meint eine Seinsverfassung des Daseins, hinsichtlich derer das Entfernen von etwas, als Wegstellen, nur ein bestimmter, faktischer Modus ist. Entfernen besagt *ein Verschwindenmachen der Ferne* [Hervorhebung R.M.], das heißt der Entferntheit von etwas, *Näherung* [Hervorhebung R.M.]. Dasein ist wesenhaft ent-fernend, es läßt als das Seiende, das es ist, je Seiendes in der Nähe begegnen. Ent-fernung entdeckt Entferntheit. Diese ist ebenso wie Abstand eine kategoriale Bestimmung des nicht daseinsmäßigen Seienden. Entfernung dagegen muß als Existenzial festgehalten werden. Nur sofern überhaupt Seiendes in seiner Entferntheit für das Dasein entdeckt ist, werden am innerweltlichen Seienden selbst in bezug auf anderes 'Entfernungen' und Abstände zugänglich.' (S. 104)

Ent-fernung im heideggerschen Sinne meint gerade nicht Entfernung als Distanz, sondern das Herstellen von Nähe, indem Ferne durch die Näherung 'ent-fernt' wird. Erst auf der Grundlage solcher Näherung können dann überhaupt Entfernungen und Abstände durch quantitative Distanz-Messung bestimmt werden.

'Das Ent-fernen ist zunächst und zumeist umsichtige Näherung, in die Nähe bringen als beschaffen, bereitstellen, zur Hand haben. [...] *Im Dasein liegt eine wesenhafte Tendenz auf Nähe.*' (S. 105)

Durch das Ent-fernen wird bereitgestellt, beschafft etc. Das Dasein in seiner für es spezifischen 'Tendenz auf Nähe' macht durch das Ent-fernen so für sich zuhanden, es stellt Zuhandenheit her.

Deutlich klingt bei Heidegger bereits an dieser Stelle von *Sein und Zeit* Zivilisations- und Technikkritik an, wenn er fortfährt:

'Alle Arten der Steigerung der Geschwindigkeit, die wir heute mehr oder minder gezwungen mitmachen, drängen auf Überwindung der Entferntheit. Mit dem 'Rundfunk' zum Beispiel vollzieht das Dasein heute eine in ihrem Daseinssinn noch nicht übersehbare Ent-fernung der 'Welt' auf dem Wege einer Erweiterung und Zerstörung der alltäglichen Umwelt.' (S. 105)

Dann fährt er im nächsten Abschnitt erläuternd fort:

'Im Ent-fernen liegt nicht notwendig ein ausdrückliches Abschätzen der Ferne eines Zuhandenen in bezug auf das Dasein. Die Entferntheit wird vor allem nie als Abstand gefaßt. Soll die Ferne geschätzt werden, dann geschieht das relativ auf Entfernungen, in denen das alltägliche Dasein sich hält. Rechnerisch genommen mögen diese Schätzungen ungenau und schwankend sein, sie haben in der Alltäglichkeit des Daseins ihre *eigene* und durchgängig verständliche *Bestimmtheit*. Wir sagen: bis dort ist es ein Spaziergang, ein Katzensprung, 'eine Pfeife lang'. Diese Maße drücken aus, daß sie nicht nur nicht 'messen' wollen, sondern daß die abgeschätzte Entferntheit einem Seienden zugehört, zu dem man besorgend umsichtig hingeht. Aber auch wenn wir uns fester Maße bedienen und sagen: 'bis zu dem Haus ist es eine halbe Stunde', muß dieses Maß als geschätztes genommen werden. Eine 'halbe Stunde' sind nicht 30 Minuten, sondern eine Dauer, die überhaupt keine 'Länge' hat im Sinne einer quantitativen Erstreckung. Diese Dauer ist je aus gewohnten alltäglichen 'Besorgungen' her ausgelegt. Die Entferntheiten sind zunächst und auch da, wo 'amtlich' ausgerechnete Maße bekannt sind, umsichtig geschätzt. Weil das Entfernte in solchen Schätzungen zuhanden ist, behält es seinen spezifisch innerweltlichen Charakter. Dazu gehört es sogar, daß die umgänglichen Wege zu entferntem Seienden jeden Tag verschieden lang sind. Das Zuhandene der Umwelt ist ja nicht vorhanden für einen dem Dasein enthobenen ewigen Betrachter, sondern begegnet in die umsichtig besorgende Alltäglichkeit des Daseins. Auf seinen Wegen durchmißt das Dasein nicht als vorhandenes Körperding eine Raumstrecke, es `frißt nicht Kilometer´, die Näherung und Ent-fernung ist je besorgendes Sein zum Genäherten und Ent-fernten. Ein `objektiv´ langer Weg kann kürzer sein als ein `objektiv´ sehr kurzer, der vielleicht ein `schwerer Gang´ ist und einem unendlich lang vorkommt. *In solchem `Vorkommen´ aber ist die jeweilige Welt erst eigentlich zuhanden.* Die objektiven Abstände vorhandener Dinge decken sich nicht mit Entferntheit und Nähe des innerweltlich Zuhandenen. Jene mögen exakt gewußt sein, dieses Wissen bleibt jedoch blind, es hat nicht die Funktion der umsichtig entdeckenden Näherung der Umwelt; man verwendet solches Wissen nur in und für ein nicht Strecken messendes besorgendes Sein zu der einen `angehenden´ Welt.´ (S. 105f.)

Die Räumlichkeit des Daseins ist nicht über messbare Distanz zu bestimmen, und das Dasein `bemisst´ in seiner vorgängigen Orientierung die Nähe von etwas nicht an solcher `distanzierten Messbarkeits-Räumlichkeit´. Dies darf aber nicht mit (bloßer) Subjektivität verwechselt werden:

`Man ist geneigt, aus einer vorgängigen Orientierung an der `Natur´ und den `objektiv´ gemessenen Abständen der Dinge solche Entfernungsauslegung und Schätzung für `subjektiv´ auszugeben. Das ist jedoch eine `Subjektivität´, die vielleicht das Realste der `Realität´ der Welt entdeckt, die mit `subjektiver´ Willkür und subjektivistischen `Auffassungen´ eines `an sich´ anders Seienden nichts zu tun hat. Das umsichtige Ent-fernen der Alltäglichkeit des Daseins entdeckt das An-sich-sein der `wahren Welt´, des Seienden, bei dem Dasein als existierendes je schon ist.´ (S. 106)

Hält man sich an die `Messbarkeits Räumlichkeit´, so verfehlt man gerade die Räumlichkeit, die dem In-Sein originär zukommt:

`Die primäre und gar ausschließliche Orientierung an Entferntheiten als gemessenen Abständen verdeckt die ursprüngliche Räumlichkeit des In-Seins. Das vermeintlich `Nächste´ ist ganz und gar nicht das, was den kleinsten Abstand `von uns´ hat. Das `Nächste´ liegt in dem, was in einer durchschnittlichen Reich-, Greif- und Blickweite entfernt ist. Weil das Dasein wesenhaft räumlich ist in der Weise der Ent-fernung, hält sich der Umgang immer in einer von ihm je in einem gewissen Spielraum entfernten `Umwelt´, daher hören und sehen wir zunächst über das abstandmäßig `Nächste´ immer weg. Sehen und Hören sind Fernsinne nicht auf Grund ihrer Tragweite, sondern, weil das Dasein als entfernendes in ihnen sich vorwiegend aufhält.´ (S. 106f.)

Heidegger erläutert dies eindrücklich an den drei Beispielen des `Zeugs zum Sehen´ (Brille), des `Zeugs zum Hören´ (Telefonhörer) und des `Zeugs zum Gehen´ (Straße):

'Für den, der zum Beispiel eine Brille trägt, die abstandsmäßig so nahe ist, daß sie ihm auf der `Nase sitzt', ist dieses gebrauchte Zeug umweltlich weiter entfernt als das Bild an der gegenüber befindlichen Wand. Dieses Zeug [die Brille; R.M.] hat so wenig Nähe, daß es oft zunächst gar nicht auffindbar wird. Das Zeug zum Sehen, desgleichen solches zum Hören, zum Beispiel der Hörer am Telephon, hat die gekennzeichnete Unauffälligkeit des zunächst Zuhandenen. Das gilt zum Beispiel auch von der Straße, dem Zeug zum Gehen. Beim Gehen ist sie mit jedem Schritt betastet und scheinbar das Nächste und Realste des überhaupt Zuhandenen, sie schiebt sich gleichsam an bestimmten Leibteilen, den Fußsohlen, entlang. Und doch ist sie weiter entfernt als der Bekannte, der einem bei solchem Gehen in der `Entfernung' von zwanzig Schritten `auf der Straße' begegnet. Über Nähe und Ferne des umweltlich zunächst Zuhandenen entscheidet das umsichtige Besorgen. Das, wobei dieses im vorhinein sich aufhält, ist das Nächste und regelt die Ent-fernungen.' (S. 107)

Das Dasein ist räumlich. Diese `Räumlichkeit des Daseins wird [...] nicht bestimmt durch Angabe der Stelle, an der ein Körperding [i.e.: `das körperbehaftete Ichding'; R.M.] vorhanden ist' (S. 107). Das Dasein ist nicht räumlich Gegenstand im `Containerraum' der `Messbarkeits-Räumlichkeit'. Im Blick auf die Räumlichkeit zu unterscheiden ist das Dasein aber auch vom Zuhandenen, das diesbezüglich von seinem `Zuhandensein an einem Platz aus einer Gegend her' (S. 107) verstanden und bestimmt wird. Zwar nimmt auch das Dasein je einen Platz ein, doch gilt für das Dasein:

'Das Platzeinnehmen muß als Entfernen des umweltlich Zuhandenen in eine umsichtig vorentdeckte Gegend hinein begriffen werden. Sein Hier versteht das Dasein aus dem umweltlichen Dort. Das Hier meint nicht das Wo eines Vorhandenen, sondern das Wobei eines ent-fernenden Seins bei ... in eins mit dieser Ent-fernung. Das Dasein ist gemäß seiner Räumlichkeit zunächst nie hier, sondern dort, aus welchem Dort es auf sein Hier zurückkommt und das wiederum nur in der Weise, daß es sein besorgendes Sein zu ... aus dem Dortzuhandenen her auslegt.' (S. 107f.)

Da das Dasein in seiner Weltlichkeit Gegenden und Plätze einräumt, ist es stets zunächst nie hier, sondern dort; so kann die Bestimmung seines Hier stets nur von der von ihm eingeräumten Welt her als dem Dort geschehen und ausgelegt werden.

Zur `phänomenalen Eigentümlichkeit der Ent-fernungsstruktur des In-Seins' des Daseins gehört es entsprechend, dass das Dasein, da es `sich als In-der-Welt-sein wesenhaft in einem Entfernen' hält, diese `Entfernung, die Ferne des Zuhandenen von ihm selbst [...] *nie kreuzen*' (S. 108) kann. Denn das Dasein nimmt seine Ent-fernung stets mit, '*weil es wesenhaft Ent-fernung, das heißt räumlich ist.*' (S. 108) Da es sich als wesen-

haft ent-fernendes, Gegenden und Plätze einräumendes `stets mitnimmt',
seiner selbst nie `ledig' wird, kann das Dasein `im jeweiligen Umkreis
seiner Ent-fernungen nicht umherwandern, es kann sie immer nur verändern' (S. 108).

Da das Dasein ent-fernendes In-Sein ist, hat es `zugleich den Charakter
der *Ausrichtung*' (S. 108). Denn:

> `Jede Näherung hat vorweg schon eine Richtung in eine Gegend aufgenommen, aus der her das Ent-fernte sich nähert, um so hinsichtlich seines Platzes vorfindlich zu werden. Das umsichtige Besorgen ist ausrichtendes Ent-fernen. In diesem Besorgen, das heißt im In-der-Welt-sein des Daseins selbst ist der Bedarf von `Zeichen' vorgegeben; dieses Zeug übernimmt die ausdrückliche und leicht handliche Angabe von Richtungen. Es hält die umsichtig gebrauchten Gegenden ausdrücklich offen, das jeweilige Wohin des Hingehörens, Hingehens, Hinbringens, Herholens.' (S. 108)

Heidegger verdeutlicht die Ausrichtung des Daseins in der Welt am Beispiel seiner Leiblichkeit und der durch seine Leiblichkeit vorgezeichneten Richtungen rechts und links:

> `Aus dieser Ausrichtung [des Daseins; R.M.] entspringen die festen Richtungen nach rechts und links. So wie seine Ent-fernungen nimmt das Dasein auch seine Richtungen ständig mit. Die Verräumlichung des Daseins in seiner `Leiblichkeit' [....] ist mit nach diesen Richtungen ausgezeichnet. Daher muß Zuhandenes und für den Leib Gebrauchtes, wie Handschuhe zum Beispiel, das die Bewegungen der Hände mitmachen soll, auf rechts und links ausgerichtet sein.'

Wie seine Ent-fernungen kann das Dasein seiner Ausgerichtetheit nicht `ledig' werden und diese steht wie jene nicht zu seiner Disposition. Schon gar nicht geht es hier um etwas `Subjektives'. So auch im Falle von links und rechts:

> `Links und rechts sind nicht etwas `Subjektives' […], sondern sind Richtungen der Ausgerichtetheit in eine je schon zuhandene Welt hinein.' (S. 109)

Heidegger fasst zusammen:

> `Ent-fernung und Ausrichtung bestimmen als konstitutive Charaktere des In-Seins die Räumlichkeit des Daseins, besorgend-umsichtig im entdeckten, innerweltlichen Raum zu sein.' (S. 110)

Zum Status des bislang Erarbeiteten hält er fest:

> `Die bisherige Explikation der Räumlichkeit des innerweltlich Zuhandenen und der Räumlichkeit des In-der-Welt-seins gibt erst die Voraussetzungen, um das Phänomen der Räumlichkeit der Welt herauszuarbeiten und das ontologische Problem des Raumes zu stellen.' (S. 110)

§ 24: Räumlichkeit des Daseins und der Raum (S. 110–113)

Heidegger resümiert zunächst und führt dann ein wenig weiter:

›Dasein hat als In-der-Welt-sein jeweilig schon eine ›Welt‹ entdeckt. Dieses in der Weltlichkeit der Welt fundierte Entdecken wurde charakterisiert als Freigabe des Seienden auf eine Bewandtnisganzheit. Das freigebende Bewendenlassen vollzieht sich in der Weise des umsichtigen Sichverweisens, das in einem vorgängigen Verstehen der Bedeutsamkeit gründet. Nunmehr ist gezeigt: das umsichtige In-der-Welt-sein ist räumliches. Und nur weil Dasein in der Weise von Ent-fernung und Ausrichtung räumlich ist, kann das umweltlich Zuhandene in seiner Räumlichkeit begegnen. Die Freigabe einer Bewandtnisganzheit ist gleichursprünglich ein ent-fernendausrichtendes Bewendenlassen bei einer Gegend, das heißt Freigabe der räumlichen Hingehörigkeit des Zuhandenen. In der Bedeutsamkeit, mit der das Dasein als besorgendes In-Sein vertraut ist, liegt die wesenhafte Miterschlossenheit des Raumes.‹ (S. 110)

In der Räumlichkeit des Daseins ist begründet, dass uns umweltlich Zuhandenes über den Bewandtniszusammenhang räumlich begegnen kann. Dies geschieht über Ent-fernung und Ausrichtung als Räumlichkeitsmodi des Daseins. Das Dasein verleiht dem innerweltlich Seienden Raum, indem es ›ein-räumt‹:

›Das für das In-der-Welt-sein konstitutive Begegnenlassen des innerweltlich Seienden ist ein ›Raum-geben‹. Dieses ›Raum-geben‹, das wir auch *Einräumen* nennen, ist das Freigeben des Zuhandenen auf seine Räumlichkeit.‹ (S. 111)

Das Einräumen ist ein Existenzial des In-der-Welt-seins des Daseins. Dieser durch das Einräumen ›gestiftete‹ ›*Raum* ›ist‹ *weder im Subjekt* [Kant erweist den Raum in der *Kritik der reinen Vernunft* neben der Zeit als eine apriorische Anschauungsform der reinen Sinnlichkeit; R.M.], *noch ist die Welt im Raum*‹ (S. 111).

Es verhält sich, wie Heidegger unter Bezugnahme auf die und in Abgrenzung zu der Auffassung Kants verdeutlicht, anders:

›Der Raum ist vielmehr ›in‹ der Welt, sofern das für das Dasein konstitutive In-der-Welt-sein Raum erschlossen hat. Der Raum befindet sich nicht im Subjekt, noch betrachtet dieses die Welt, ›als ob‹ sie in einem Raum sei, sondern das ontologisch wohlverstandene ›Subjekt‹, das Dasein, ist in einem ursprünglichen Sinn räumlich [meine Hervorhebung; R.M.]. Und weil das Dasein in der beschriebenen Weise räumlich ist, zeigt sich der Raum als Apriori. Dieser Titel besagt nicht so etwas wie vorgängige Zugehörigkeit zu einem zunächst noch weltlosen Subjekt, das einen Raum aus sich hinauswirft. Apriorität besagt hier: Vorgängigkeit des Begegnens von Raum (als Gegend) im jeweiligen umweltlichen Begegnen des Zuhandenen.´ (S. 111)

Die Weltlichkeit des Daseins bedeutet stets bereits Bezogenheit auf das umweltlich begegnende Zuhandene im begegnenden Raum als Gegend, mithin Räumlichkeit des Daseins.

Aus diesem vorgängigen Begegnen von Raum bzw. Räumlichkeit lässt sich dann quasi der reine dreidimensionale Raumbegriff `herausdestillieren´, indem die Umsicht auf die Bewandtnisganzheit des innerweltlich begegnenden Seienden ausgeschaltet, gleichsam `wegnivelliert´ wird, `die umweltlichen Gegenden zu den reinen Dimensionen´ werden durch das `umsichtsfreie, nur noch hinsehende Entdecken des Raumes´ (S. 112).

`Die Plätze und die umsichtig orientierte Platzganzheit des zuhandenen Zeugs sinken [dann; R.M.] zu einer Stellenmannigfaltigkeit für beliebige Dinge zusammen. Die Räumlichkeit des innerweltlich Zuhandenen verliert mit diesem ihren Bewandtnischarakter. Die Welt geht des spezifisch Umhaften verlustig, die Umwelt wird zur Naturwelt. Die `Welt´ als zuhandenes Zeugganzes wird verräumlicht zu einem Zusammenhang von nur noch vorhandenen ausgedehnten Dingen. Der homogene Naturraum zeigt sich nur noch auf dem Wege einer Entdeckungsart des begegnenden Seienden, die den Charakter einer spezifischen *Entweltlichung* der Weltmäßigkeit des Zuhandenen hat.´ (S. 112)

Das, was Umwelt war, wird zur Naturwelt, nämlich zur res extensa des Descartes, das Dasein hiermit zum weltlosen Subjekt, das zur Welt mit ihren `Objekten´ erst wieder finden muss; zur descartesschen res cogitans.

Dagegen ist festzuhalten: Die Auffassung des Raumes als Substanzialität, wie dies bei Descartes geschieht, ist verfehlt, desgleichen auch die Auffassung des Raumes als Form der reinen Anschauung, wie Kant dies tut. Solche Raumauffassungen bewegen sich im Rahmender (bloßen) Vorhandenheit.

Verfehlt ist mithin auch die Auffassung, dass der Raum das Weltphänomen konstituiere. Der `Raum´, den das Dasein `hat´, bzw. die Räumlichkeit des Daseins ist nicht von solchen Raumauffassungen her zu verstehen, sondern gerade vice versa: Raum ist zu verstehen von der Räumlichkeit des Daseins her, d.h. er ist gegründet in dessen In-der-Welt-sein und `entspringt´ aus dem spezifischen `In-sein´ des Daseins. Raum ist erst im Rekurs auf das – in diesem Sinne recht verstandene – Weltphänomen zu begreifen.

Viertes Kapitel
In-der-Welt-sein als Mit- und Selbstsein. Das 'Man'

Heidegger hebt eingangs hervor:
> 'Die Analyse der Weltlichkeit der Welt brachte ständig das ganze Phänomen des In-der-Welt-seins in den Blick, ohne daß dabei alle seine konstitutiven Momente in der gleichen phänomenalen Deutlichkeit zur Abhebung kamen wie das Phänomen Welt selbst.' (S. 113)

Nunmehr sind also diejenigen konstitutiven Momente zur Abhebung zu bringen, die bislang 'unterbeleuchtet' geblieben sind.

Heidegger setzt fort:
> 'Die ontologische Interpretation der Welt im Durchgang durch das innerweltlich Zuhandene ist vorangestellt, weil das Dasein in seiner Alltäglichkeit, hinsichtlich derer es ständiges Thema bleibt, nicht nur überhaupt in einer Welt ist, sondern sich in einer vorherrschenden Seinsart zur Welt verhält. Das Dasein ist zunächst und zumeist von seiner Welt benommen. Diese Seinsart des Aufgehens in der Welt und damit das zugrundeliegende In-sein überhaupt bestimmen wesentlich das Phänomen, dem wir jetzt nachgehen mit der Frage: *wer* ist es, der in der Alltäglichkeit das Dasein ist?' (S. 113f.)

Es soll nun 'ein weiterer Bezirk der Alltäglichkeit des Daseins in den Blick gebracht werden' (S. 114). Heidegger verdeutlicht sogleich, um welchen Bereich es nun geht:
> 'Die Nachforschung in der Richtung auf das Phänomen, durch das sich die Frage nach dem Wer beantworten läßt, führt auf Strukturen des Daseins, die mit dem In-der-Welt-sein gleich ursprünglich sind: das *Mitsein* und *Mitdasein*.' (S. 114)

Die Bedeutung der Untersuchungen des Mitseins und des Mitdaseins liegt darin, dass hierdurch beantwortet wird, wer das Dasein in seiner Alltäglichkeit ist, denn in 'dieser Seinsart gründet der Modus des alltäglichen Selbstseins, dessen Explikation das sichtbar macht, was wir das 'Subjekt' der Alltäglichkeit nennen dürfen, das *Man*' (S. 114).

Das Dasein in seiner Alltäglichkeit, d.h. in seinem alltäglichen In-Sein, soll über die Explikation weiter bestimmt werden. Diese wird zeigen, dass das Man das 'Wer', gewissermaßen das 'Subjekt', dieser Alltäglichkeit ist.

Indiziert ist, dass das Dasein in seiner Alltäglichkeit stets bereits mit Anderen zusammen existiert, nicht etwa 'solipsistisch'. Immer ist es bereits auf andere bezogen. Diese Bezogenheit aber, so wird bereits hier deutlich, ist zu unterscheiden von der auf Zeug oder auf Dinge und damit den

Seinsweisen der Zuhandenheit und der Vorhandenheit. Mitsein ist dabei als Moment des Daseins selbst ein Existenzial.

Darin, dass Heidegger für das Dasein in seiner Alltäglichkeit den Ausdruck 'das Man' verwendet, wird bereits deutlich, dass es sich hierbei um etwas handelt, in dem das Dasein nur uneigentlich das ist, was es ist. In seiner Alltäglichkeit 'ergreift' und realisiert das Dasein gerade nicht als Vollzug 'ex-istierend' seine 'eigentlichen' Möglichkeiten, seine Möglichkeiten zur Eigentlichkeit.

Hieraus ergibt sich folgende Gliederung für das Kapitel über das 'Wer' des durchschnittlichen Daseins:

'der Ansatz der existenzialen Frage nach dem Wer des Daseins (§ 25);

das Mitdasein der Anderen und das alltägliche Mitsein (§ 26);

das alltägliche Selbstsein und das Man (§ 27).'

§ 25: Ansatz der existenzialen Frage nach dem Wer des Daseins (S. 114–117)

Muss die Frage, was das Dasein ist, eigentlich noch beantwortet werden?
>'Die Antwort auf die Frage, wer dieses Seiende (das Dasein) je ist, wurde scheinbar bei der formalen Anzeige der Grundbestimmtheiten des Daseins (vgl. § 9) schon gegeben. Dasein ist Seiendes, das je ich selbst bin, das Sein ist je meines.' (S. 114)

Doch dies genügt nicht:
>'Diese Bestimmung *zeigt* eine ontologische Verfassung *an*, aber auch nur das. Sie enthält zugleich die *ontische* – obzwar rohe – Angabe, daß je ein Ich dieses Seiende ist und nicht Andere.' (S. 114)

Wird diese Bestimmung nicht recht verstanden, d.h. als mehr genommen, als sie bietet, so führt sie zu einem Fehlverständnis, ja sie legt es sogar nahe:
>'Das Wer ist das, was sich im Wechsel der Verhaltungen und Erlebnisse als Identisches durchhält und sich dabei auf diese Mannigfaltigkeit bezieht. Ontologisch verstehen wir es als das in einer geschlossenen Region und für diese je schon und ständig Vorhandene, das in einem vorzüglichen Sinne zum Grunde liegende, als das *Subjectum*. Dieses hat als Selbiges in der vielfältigen Andersheit den Charakter des *Selbst*. Man mag Seelensubstanz ebenso wie Dinglichkeit des Bewußtseins und Gegenständlichkeit der Person ablehnen, ontologisch bleibt es bei der Ansetzung von etwas, dessen Sein ausdrücklich oder nicht *den Sinn von Vorhandenheit behält* [Hervorhebung R.M.]. *Substanzialität* [Hervorhebung R.M.] ist der ontologische Leitfaden für die Bestimmung des Seienden, aus dem her die Werfrage beantwortet wird. Dasein ist unausgesprochen im vorhinein *als Vorhandenes begriffen* [Hervorhebung R.M.]. In jedem Falle *impliziert* [Hervorhebung R.M.] die Unbestimmtheit seines Seins immer *diesen* [Hervorhebung R.M.] Seinssinn. Vorhandenheit jedoch ist die Seinsart eines *nicht-daseinsmäßigen* [Hervorhebung R.M.] Seienden.' (S. 114f.)

Die frühere Bestimmung des Daseins als je-meiniges darf nicht im Sinne eines Verständnisses des Daseins als 'Ich', 'Selbst' oder als 'Subjekt' als 'res cogitans' aufgefasst werden. Denn dann wird das Dasein, zumindest unausdrücklich, bereits von der Seinsweise der Vorhandenheit her verstanden und damit missverstanden. Dasein hat nicht die Seinsart der Vorhandenheit. Dies hatte sich schon gezeigt.

Nochmals betont Heidegger:
>'Die ontische Selbstverständlichkeit der Aussage, daß ich es bin, der je das Dasein ist, darf nicht zu der Meinung verleiten, es sei damit der Weg einer

ontologischen Interpretation des so 'Gegebenen' unmißverständlich vorgezeichnet.'

Ja: Heidegger deutet sogar eine für das Folgende (bes. § 27) bedeutsame Möglichkeit an:

> 'Fraglich bleibt sogar, ob auch nur der ontische Gehalt der obigen Aussage den phänomenalen Bestand des alltäglichen Daseins angemessen wiedergibt. Es könnte sein, daß das Wer des alltäglichen Daseins gerade *nicht* je ich selbst bin.' (S. 115)

Die Möglichkeit der Evidenz der Selbstgegebenheit des Ich, wie Descartes sie behauptet hatte, gesteht Heidegger durchaus zu:

> 'Vielleicht ist in der Tat das, was diese Art der Gebung, das schlichte, formale, reflektive Ichvernehmen gibt, evident.' (S. 115)

Doch Vorsicht:

> 'Im vorliegenden Zusammenhang einer existenzialen Analytik des faktischen Daseins erhebt sich die Frage, ob die genannte Weise der Gebung des Ich das Dasein in seiner Alltäglichkeit erschließt, *wenn* [meine Hervorhebung; R.M.] sie es überhaupt erschließt. Ist es denn a priori selbstverständlich, daß der Zugang zum Dasein eine schlicht vernehmende Reflexion auf das Ich von Akten sein muß? Wenn diese Art der 'Selbstgebung' des Daseins für die existenziale Analytik eine Verführung wäre und zwar eine solche, die im Sein des Daseins selbst gründet? Vielleicht sagt das Dasein im nächsten Ansprechen seiner selbst immer: ich bin es und am Ende dann am lautesten, wenn es dieses Seiende 'nicht' ist. Wenn die Verfassung des Daseins, daß es je meines ist, der Grund dafür wäre, daß das Dasein zunächst und zumeist *nicht es selbst ist?*' (S. 115f.)

Hier ist zunächst daran zu erinnern, dass bereits früher gezeigt wurde, dass das 'Ich denke', also die Selbstgegebenheit des Ich, nur möglich war dadurch, dass das Weltphänomen – und damit das Dasein in seinem Inder-Welt-sein –, 'übersprungen' wurde. Das Dasein in seiner umwelthaft besorgenden Alltäglichkeit ist gerade in seiner Jemeinigkeit nicht 'es selbst', d.h. es bringt sich nicht selbst zum reflexiven Bewusstsein seiner selbst als 'Ich' (im Sinne der res cogitans).

Die existenziale Analytik des Daseins liefe 'mit dem [...] Ansatz bei der Gegebenheit des Ich dem Dasein selbst und einer naheliegenden Selbstauslegung seiner gleichsam in die Falle' (S. 116), so ist jedenfalls bereits hier zu befürchten.

Es könnte sich ergeben, 'daß der ontologische Horizont für die Bestimmung des in schlichter Gebung Zugänglichen grundsätzlich unbestimmt bleibt' (S. 116).

Zwar kann man 'wohl immer ontisch rechtmäßig von diesem Seienden sagen, daß 'Ich' es bin' (S. 116). Doch darf dies, wie erwähnt, nicht missverstanden werden:

> 'Die ontologische Analytik jedoch, die von solchen Aussagen Gebrauch macht, muß sie unter grundsätzliche Vorbehalte stellen. Das 'Ich' darf nur verstanden werden im Sinne einer unverbindlichen *formalen Anzeige* von etwas, das im jeweiligen phänomenalen Seinszusammenhang vielleicht sich als sein 'Gegenteil' enthüllt. Dabei besagt dann 'Nicht-Ich' keineswegs so viel wie Seiendes, das wesenhaft der 'Ichheit' entbehrt, sondern meint eine bestimmte Seinsart des 'Ich' selbst, zum Beispiel die Selbstverlorenheit.' (S. 116)

Das 'Ich' darf nicht im descartesschen Sinne, mithin nicht 'vorhandenheitsontologisch' als 'Subjekt-Substanz' verstanden werden, sondern nur 'formalindikatorisch', bloß als Formalanzeige. Das 'Ich' kann dann sowohl darin bestehen, dass das Dasein in seinem Existieren 'sein 'Selbstsein' vollzieht', als auch darin, dass das Dasein dieses nicht vollzieht und sein 'Selbst' 'verliert'. Mit anderen Worten – eigentlich existiert oder, wie zunächst und zumeist, uneigentlich: das Dasein in seiner Alltäglichkeit!

Heidegger hebt hervor, dass bereits die früheren Darlegungen das – zunächst naheliegende – Missverständnis ausschließen:

> 'Aber auch die bisher gegebene positive Interpretation des Daseins verbietet schon den Ausgang von der formalen Gegebenheit des Ich in Absicht auf eine phänomenal zureichende Beantwortung der Wer-rage. Die Klärung des In-der-Welt-seins zeigte, daß nicht zunächst 'ist' und auch nie gegeben ist ein bloßes Subjekt ohne Welt.' (S. 116)

Hieran anknüpfend, leitet Heidegger nun zum Mitdasein der Anderen über:

> 'Und so ist am Ende ebensowenig zunächst ein isoliertes Ich gegeben ohne die Anderen. […]' (S. 116)

Es stellt sich damit die Aufgabe 'die Art dieses Mitdaseins in der nächsten Alltäglichkeit phänomenal sichtbar zu machen und ontologisch angemessen zu interpretieren' (S. 116).

Stets ist das Dasein als In-der-Welt-sein mit den Anderen 'verknüpft'. Die Beantwortung der 'Wer-frage' (S. 116) in Bezug auf das Dasein führt daher zur Frage danach, wie das Mitdasein der Anderen zu verstehen ist im Blick auf das Sein des Daseins.

§ 26: Mitdasein der Anderen und alltägliches Mitsein (S. 117–125)

Eingangs betont Heidegger, dass die Untersuchung des Wer des Daseins in seiner Alltäglichkeit dadurch erreicht werden soll, dass diejenige Seinsart untersucht wird, `in´ der `das Dasein zunächst und zumeist sich hält´. Zudem stellt er heraus, inwiefern das bislang Geleistete hierfür den Ausgangs- und Anknüpfungspunkt bietet:

> `Die Antwort auf die Frage nach dem Wer des alltäglichen Daseins soll in der Analyse *der* Seinsart gewonnen werden, darin das Dasein zunächst und zumeist sich hält. Die Untersuchung nimmt die Orientierung am In-der-Welt-sein, durch welche Grundverfassung des Daseins jeder Modus seines Seins mitbestimmt wird. Wenn wir mit Recht sagten, durch die vorstehende Explikation der Welt seien auch schon die übrigen Strukturmomente des In-der-Welt-seins in den Blick gekommen, dann muß durch sie auch die Beantwortung der Wer-frage in gewisser Weise vorbereitet sein.´ (S. 117)

Konkret waren die Anderen bereits bei der Zeuganalyse begegnet:

> `Die `Beschreibung´ der nächsten Umwelt, zum Beispiel der Werkwelt des Handwerkers, ergab, daß mit dem in Arbeit befindlichen Zeug die anderen `mitbegegnen´, für die das `Werk´ bestimmt ist. In der Seinsart dieses Zuhandenen, das heißt in seiner Bewandtnis liegt eine wesenhafte Verweisung auf mögliche Träger, denen es auf den `Leib zugeschnitten´ sein soll. Imgleichen begegnet im verwendeten Material der Hersteller oder `Lieferant´ desselben als der, der gut oder schlecht `bedient´. Das Feld zum Beispiel, an dem wir `draußen´ entlang gehen, zeigt sich als dem und dem gehörig, von ihm ordentlich instand gehalten, das benutzte Buch ist gekauft bei ..., geschenkt von ... und dergleichen. Das verankerte Boot am Strand verweist in seinem An-sich-sein auf einen Bekannten, der damit seine Fahrten unternimmt, aber auch als `fremdes Boot´ zeigt es Andere. Die so im zuhandenen, umweltlichen Zeugzusammenhang `begegnenden´ Anderen werden nicht etwa zu einem zunächst nur vorhandenen Ding hinzugedacht, sondern diese `Dinge´ begegnen aus der Welt her, in der sie für die Anderen zuhanden sind, welche Welt im vorhinein auch schon immer die meine ist.´ (S. 117f.)

Allerdings wurde sinnvollerweise in `der bisherigen Analyse [...] der Umkreis des innerweltlich Begegnenden zunächst eingeengt auf das zuhandene Zeug – bzw. die vorhandene Natur, mithin auf Seiendes von nichtdaseinsmäßigem Charakter´, und zwar nicht nur `zu Zwecken der Vereinfachung der Explikation, sondern vor allem deshalb, weil die Seinsart des innerweltlich begegnenden Daseins der Anderen sich von

Zuhandenheit und Vorhandenheit unterscheidet', so Heideggers These (S. 118).

Demnach gibt die 'Welt des Daseins [...] Seiendes frei, das nicht nur von Zeug und Dingen überhaupt verschieden ist, sondern gemäß seiner Seinsart *als Dasein* selbst in der Weise des In-der-Welt-seins 'in der Welt' ist, in der es zugleich innerweltlich begegnet. Dieses Seiende ist weder vorhanden noch zuhanden, sondern ist *so, wie* das freigebende Dasein selbst – es ist *auch und mit da'* (S. 118).

Für die Untersuchung der Charakteristik des Wer des alltäglichen Daseins ist nun wichtig, wie das Begegnen der Anderen zu versehen und aufzuweisen ist – und wie gerade nicht:

> 'Die Charakteristik des Begegnens der *Anderen* orientiert sich so aber doch wieder am *je eignen* Dasein. Geht nicht auch sie von einer Auszeichnung und Isolierung des 'Ich' aus, so daß dann von diesem isolierten Subjekt ein Übergang zu den Anderen gesucht werden muß? Zur Vermeidung dieses Mißverständnisses ist zu beachten, in welchem Sinne hier von 'den Anderen' die Rede ist. 'Die Anderen' besagt nicht soviel wie: der ganze Rest der Übrigen außer mir, aus dem sich das Ich heraushebt, die Anderen sind vielmehr die, von denen man selbst sich zumeist *nicht* unterscheidet, unter denen man auch ist. Dieses Auch-da-sein mit ihnen hat nicht den ontologischen Charakter eines 'Mit'-Vorhandenseins innerhalb einer Welt. Das 'Mit' ist ein Daseinsmäßiges, das 'Auch' meint die Gleichheit des Seins als umsichtig-besorgendes In-der-Welt-sein. 'Mit' und 'Auch' sind *existenzial* und nicht kategorial zu verstehen. Auf dem Grunde dieses *mithaften* In-der-Welt-seins ist die Welt je schon immer die, die ich mit den Anderen teile. Die Welt des Daseins ist *Mitwelt*. Das In-Sein ist *Mitsein* mit Anderen. Das innerweltliche Ansichsein dieser ist *Mitdasein*.' (S. 118)

Die vorangegangenen Überlegungen Heideggers zusammenfassend ist zu sagen:

Es ist nicht so, dass die Anderen für das Dasein originär in der Seinsweise der Zu- oder Vorhandenheit 'vorkommen', sondern es trifft sie an im Zusammenhang des Zeugganzen. In Verbindung mit dem Zeug begegnen die Anderen etwa als Verwender, Hersteller, Lieferanten von Zeug etc. Sie sind für das Dasein in seiner Alltäglichkeit dabei 'auch mit da', wobei dieses 'Auch-da-sein' des Daseins mit ihnen ontologisch nicht als 'Mit'-Vorhandensein verstanden werden darf, sondern existenzial. Dies heißt, anders und konkreter ausgedrückt: Das 'Mit' ist daseinsmäßig zu verstehen und das 'auch' so, dass damit ausgedrückt wird, dass dasjenige Seiende, das als Mitdasein begegnet, in derselben Weise in seinem Sein als umsichtig-besorgendes In-der-Welt-sein verstanden wird. Aus diesem Grund sind 'Mit' und 'Auch' keine vorhandenheitsontologisch-kategorialen 'Dinglichkeits-Bestimmungen'. Das Dasein in seiner Alltäglichkeit teilt seine Welt immer schon mit anderen, seine Welt ist die wie selbstverständlich mit den Anderen geteilte, mithin sein In-Sein Mitwelt, mögen nun real andere 'da' sein oder nicht. Dass das In-Sein des Daseins Mitwelt ist, auch wenn keine Anderen da sind, zeigt sich daran, dass das Dasein Andere vermissen kann (etwa im Alleinsein) – und dieses Vermissen ist nicht dasselbe wie das Vermissen eines Zeugs, wie die phänomenologische Untersuchung zeigt. Hierüber aber wird deutlich, dass das Dasein existenzial als Mitsein zu verstehen ist. Wäre das Dasein nicht existenzial Mitsein, so könnte es Andere nicht vermissen. Dass das Dasein existenzial Mitsein ist, bedeutet, dass die Anderen, da sie gleichsam Strukturmoment des Daseins selbst sind, diesem nicht äußerlich sind, und dass Mitsein nicht dadurch fundiert wird, dass in der (vorhandenheitsontologisch gedeuteten) Welt eine Anzahl verschiedener Subjekte anzutreffen ist.

> 'In der Struktur der Weltlichkeit der Welt liegt es, daß die Anderen nicht zunächst als freischwebende Subjekte vorhanden sind neben anderen Dingen, sondern in ihrem umweltlichen besorgenden Sein in der Welt aus dem in dieser Zuhandenen her sich zeigen.' (S. 123)

Es wurde darauf verwiesen, dass den Anderen für das Dasein in seiner Alltäglichkeit nicht die Seinsweisen der Zuhandenheit oder der Zuhandenheit zukommen. Hier ist vor allem darauf abzuheben, dass sie dem Dasein nichts Zuhandenes sind, denn dies bedeutet, dass die Beziehung, die das Dasein zu ihnen hat, nicht die des Besorgens ist (wie beim Zeug), sondern die der Fürsorge. Später ausführlich Entfaltetes antizipierend (bes. Kapitel 6 des ersten Abschnittes von *Sein und Zeit* [=§§ 39-44]), kann gesagt werden, dass das Sein des Daseins in seinem entdeckenden Umgang mit dem in der Welt begegnenden zeughaften bzw. dinglichen oder aber daseinsmäßigen Anderen als Sorge interpretiert wird.

> 'Wenn das Mitsein für das In-der-Welt-sein existenzial konstitutiv bleibt, dann muß es ebenso wie der umsichtige Umgang mit dem innerweltlich Zuhandenen, das wir vorgreifend als Besorgen kennzeichneten, aus dem Phänomen der *Sorge* interpretiert werden, als welche das Sein des Daseins überhaupt bestimmt wird (vgl. Kap. 6 dieses Abschn.). Der Seinscharakter des Besorgens kann dem Mitsein nicht eignen, obzwar diese Seinsart ein *Sein zu* innerweltlich begegnendem Seienden ist wie das Besorgen. Das Seiende, zu dem sich das Dasein als Mitsein verhält, hat aber nicht die Seinsart des zuhandenen Zeugs, es ist selbst Dasein. Dieses Seiende wird nicht besorgt, sondern steht in der *Fürsorge*.' (S. 121)

Strukturmomente der Sorge wiederum sind einerseits das bereits analysierte Besorgen (s. bes. § 12) des Zuhandenen bzw. Vorhandenen in der Umsicht und andererseits die Fürsorge in Relation zu den Anderen als

Mitdasein in Nachsicht und Rücksicht (bzw. Gleichgültigkeit und Rücksichtslosigkeit).
> 'Wie dem Besorgen als Weise des Entdeckens des Zuhandenen die *Umsicht* zugehört, so ist die Fürsorge geleitet durch die *Rücksicht* und *Nachsicht*. Beide können mit der Fürsorge die entsprechenden defizienten und indifferenten Modi durchlaufen bis zur *Rücksichtslosigkeit* und dem Nachsehen, das die Gleichgültigkeit leitet.' (S. 123)

Die zwei Extreme der Fürsorge, die das gewöhnliche Miteinandersein, in welchem Zusammenspiel auch immer, kennzeichnen, sind die einspringend-beherrschende Fürsorge und die vorspringend-befreiende Fürsorge als die dem Dasein des Anderen eigentlich gemäße Fürsorge.

Während in der ersten Art der Fürsorge die Sorge gleichsam anstelle des Anderen übernommen wird, sie ihm also abgenommen wird, indem für ihn 'ein-gesprungen' wird, wird er hierdurch als selbst Dasein Seiendes entmündigt. Diese Art der Fürsorge ist seinem Sein als Dasein, zu dem wesenhaft die Sorge gehört, nicht gemäß.

> 'Die Fürsorge hat hinsichtlich ihrer positiven Modi zwei extreme Möglichkeiten. Sie kann dem Anderen die 'Sorge' gleichsam abnehmen und im Besorgen sich an seine Stelle setzen, für ihn *einspringen*. Diese Fürsorge übernimmt das, was zu besorgen ist, für den Anderen. Dieser wird dabei aus seiner Stelle geworfen, er tritt zurück, um nachträglich das Besorgte als fertig Verfügbares zu übernehmen, bzw. sich ganz davon zu entlasten. In solcher Fürsorge kann der Andere zum Abhängigen und Beherrschten werden, mag diese Herrschaft auch eine stillschweigende sein und dem Beherrschten verborgen bleiben. Diese einspringende, die 'Sorge' abnehmende Fürsorge bestimmt das Miteinandersein in weitem Umfang, und sie betrifft zumeist das Besorgen des Zuhandenen.' (S. 122)

Die andere Art der Sorge hingegen ist die dem Anderen in seinem Sein als Dasein gemäße Fürsorge, da sie dem Sein des Anderen als existierendes – und zu existieren habendes – Dasein entspricht: Sie trägt dazu bei, dass er selbst '*in* seiner Sorge sich durchsichtig und *für sie frei*' (S. 122) wird. Dies tut sie dadurch, dass sie 'vor-springend' dem anderen Dasein seine ureigenen Seinsmöglichkeiten transparent macht und ihm so seine Freiheit zugänglich macht.

Heidegger setzt demgemäß fort:
> 'Ihr gegenüber besteht die Möglichkeit einer Fürsorge, die für den Anderen nicht so sehr einspringt, als daß sie ihm in seinem existenziellen Seinkönnen *vorausspringt*, nicht um ihm die 'Sorge' abzunehmen, sondern erst eigentlich als solche zurückzugeben. Diese Fürsorge, die wesentlich die eigentliche Sorge - das heißt die Existenz des Anderen betrifft und nicht ein *Was*, das er besorgt, verhilft dem Anderen dazu, *in* seiner Sorge sich durchsichtig und *für sie frei* zu werden.' (S. 122)

Dasein ist als In-Sein in seiner Welt stets bereits 'genuin' Mitsein mit Anderen und begreift so das Mitdasein Anderer mit ein. Es ist also nicht so, dass ein singuläres Ich in der Welt erst 'a posteriori' auf Andere stoßen würde. Stets ist das Dasein in seinem Mitsein als Strukturmoment bereits auf Andere in ihrem Mitdasein bezogen. Die Seinsweise der Anderen ist dabei nicht die der Zu- oder die der Vorhandenheit.

Mit den Arten der Fürsorge des Daseins hängt zusammen das Verständnis Anderer: Die Bezogenheit des Daseins in seinem Mitsein auf das Mitdasein bedingt, dass im Seinsverständnis, das das Dasein hat, stets bereits ein Verständnis der Anderen mit eingeschlossen ist. Allein deshalb ist es möglich, Andere zu kennen oder auch nicht.

> 'Die zum Mitsein gehörige Erschlossenheit des Mitdaseins Anderer besagt: im Seinsverständnis des Daseins liegt schon, weil sein Sein Mitsein ist, das Verständnis Anderer.' (S. 123)

Das Verstehen des Anderen ist dabei grundsätzlich zu unterscheiden vom Erkennen von etwas Vorhandenem.

> 'Dieses Verstehen ist, wie Verstehen überhaupt, nicht eine aus Erkennen erwachsene Kenntnis, sondern eine ursprünglich existenziale Seinsart, die Erkennen und Kenntnis allererst möglich macht. Das Sichkennen gründet in dem ursprünglich verstehenden Mitsein. Es bewegt sich zunächst gemäß der nächsten Seinsart des mitseienden In-der-Welt-seins im verstehenden Kennen dessen, was das Dasein mit den Anderen umweltlich umsichtig vorfindet und besorgt. Aus dem Besorgten her und mit dem Verstehen seiner ist das fürsorgende Besorgen verstanden. Der Andere ist so zunächst in der besorgenden Fürsorge erschlossen.' (S. 123f.)

Es besteht ein Zusammenhang zwischen dem (Er-)Kennen des Anderen mit der Fürsorge des Daseins in seiner Alltäglichkeit, nämlich darüber, dass das Dasein in seiner Alltäglichkeit sich nicht zur eigentlichen Fürsorge erhebt, sondern dem anderen begegnenden Dasein gegenüber indifferent und gleichgültig ist und es übergeht.

> 'Zwischen den beiden Extremen der positiven Fürsorge – der einspringend-beherrschenden und der vorspringend-befreienden – hält sich das alltägliche Miteinandersein und zeigt mannigfache Mischformen [...]' (S. 122)

Dennoch kann man sagen:

> Das Dasein hält 'sich zunächst und zumeist in den defizienten Modi der Fürsorge [...]. Das Für-, Wider-, Ohne-einandersein, das Aneinandervorbeigehen, das Einander-nichts-angehen sind mögliche Weisen der Fürsorge. Und gerade die zuletzt genannten Modi der Defizienz und Indifferenz charakterisieren das alltägliche und durchschnittliche Miteinandersein. Diese Seinsmodi zeigen wieder den Charakter der Unauffälligkeit

und Selbstverständlichkeit, der dem alltäglichen innerweltlichen Mitdasein Anderer ebenso eignet wie der Zuhandenheit des täglich besorgten Zeugs.' (S. 121)

`Weil [...] zunächst und zumeist die Fürsorge sich in den defizienten oder zum mindesten indifferenten Modi aufhält — in der Gleichgültigkeit des Aneinandervorbeigehens —, bedarf das nächste und wesenhafte Sichkennen eines Sichkennenlernens. Und wenn gar das Sichkennen sich verliert in die Weisen der Zurückhaltung, des Sichversteckens und Verstellens, bedarf das Miteinandersein besonderer Wege, um den Anderen nahe, bzw. `hinter sie' zu kommen.' (S. 124)

Mit der wirklichen Fürsorge hingegen ist verknüpft, den Anderen kennen zu lernen. Dies darf jedoch – wiederum – nicht verwechselt werden damit, dass der Andere psychologisch als ein Subjekt behandelt wird. Zudem ist nicht gemeint der Andere als bloße `Dublette des Selbst' (S. 124), mit der ein zunächst für sich allein bestehendes Subjekt in einer Art `Brückenschlag' erst Kontakt aufnehmen würde und müsste.

`Das Sein zu Anderen ist zwar ontologisch verschieden vom Sein zu vorhandenen Dingen. Das `andere' Seiende hat selbst die Seinsart des Daseins. Im Sein mit und zu Anderen liegt demnach ein Seinsverhältnis von Dasein zu Dasein. Dieses Verhältnis, möchte man sagen, ist aber doch schon konstitutiv für das je eigene Dasein, das von ihm selbst ein Seinsverständnis hat und so sich zu Dasein verhält. Das Seinsverhältnis zu Anderen wird dann zur Projektion des eigenen Seins zu sich selbst `in ein Anderes'. Der Andere ist eine Dublette des Selbst. Aber es ist leicht zu sehen, daß diese scheinbar selbstverständliche Überlegung auf schwachem Boden ruht. Die in Anspruch genommene Voraussetzung dieser Argumentation, daß das Sein des Daseins zu ihm selbst das Sein zu einem Anderen sei, trifft nicht zu. Solange diese Voraussetzung sich nicht evident in ihrer Rechtmäßigkeit erwiesen hat, so lange bleibt es rätselhaft, wie sie das Verhältnis des Daseins zu ihm selbst dem Anderen als Anderem erschließen soll.

Das Sein zu Anderen ist nicht nur ein eigenständiger, irreduktibler Seinsbezug, er ist als Mitsein mit dem Sein des Daseins schon seiend' (S. 124f.).

`Die Anderen begegnen nicht im vorgängig unterscheidenden Erfassen des zunächst vorhandenen eigenen Subjektes von den übrigen auch vorkommenden Subjekten, nicht in einem primären Hinsehen auf sich selbst, darin erst das Wogegen eines Unterschieds festgelegt wird. Sie begegnen aus der *Welt* her, in der das besorgend-umsichtige Dasein sich wesenhaft aufhält.' (S. 119)

`Aber so wie das Sichoffenbaren, bzw. Verschließen in der jeweiligen Seinsart des Miteinanderseins gründet, ja nichts anderes als diese selbst *ist*, erwächst auch das ausdrückliche fürsorgende Erschließen des Anderen je nur aus dem primären Mitsein mit ihm. Solches obzwar *thematisches*, aber nicht theoretisch-psychologisches Erschließen des Anderen wird nun leicht für die theoretische Problematik des Verstehens `fremden Seelenlebens` zu dem Phänomen, das zunächst in den Blick kommt. Was so phänomenal `zunächst` eine Weise des verstehenden Miteinanderseins darstellt, wird aber zugleich als das genommen, was `anfänglich` und ursprünglich überhaupt das Sein zu Anderen ermöglicht und konstituiert. Dieses nicht eben glücklich als `*Einfühlung*` bezeichnete Phänomen soll dann ontologisch gleichsam erst die Brücke schlagen von dem zunächst allein gegebenen eigenen Subjekt zu dem zunächst überhaupt verschlossenen anderen Subjekt.´ (S. 124)

Zwar gibt es so etwas wie `Alleinsein` des Daseins. Doch dies ist nichts Ursprüngliches, sondern bereits etwas Abgeleitetes.

`Das Mitsein bestimmt existenzial das Dasein auch dann, wenn ein Anderer faktisch nicht vorhanden und wahrgenommen ist. Auch das Alleinsein des Daseins ist Mitsein in der Welt. *Fehlen* kann der Andere nur *in* einem und *für* ein Mitsein. Das Alleinsein ist ein defizienter Modus des Mitseins, seine Möglichkeit ist der Beweis für dieses.´ (S. 120)

Wie die Existenzialanalyse erweist, ist das Dasein als In-der-Welt-sein stets, und zwar konstitutiv, bereits Mitsein mit Anderen, vorgängig zu jedweder Thematisierung. Selbst `Alleinsein` ist bereits aus diesem originären Mitsein als dessen defizienter Modus abzuleiten.

Da dies so ist – weil also das Dasein als Mitsein stets bereits auf die Anderen bezogen ist –, wird auch das für eine Vorhandenheitsontologie so brennende Problem der Existenz des sog. `Fremdpsychischen` und seines Verständnisses einer Lösung näher gebracht (s. ergänzend auch das obige Zitat):

`Gegenüber den sich leicht eindrängenden theoretisch erdachten `Erklärungen´ des Vorhandenseins Anderer muß an dem aufgezeigten phänomenalen Tatbestand ihres *umweltlichen* Begegnens festgehalten werden.´ (S. 119)

Das Dasein `weiß` aufgrund seines originären Mitseins, dass es Andere `gibt`, und dass sie denken, empfinden etc., auch wenn dies nicht bedeutet, dass es genau wissen kann, wie diese denken, empfinden etc.

`´Einfühlung` konstituiert nicht erst das Mitsein, sondern ist auf dessen Grunde erst möglich und durch die vorherrschenden defizienten Modi des Mitseins in ihrer Unumgänglichkeit motiviert.´ (S. 125)

Sie ist `kein ursprüngliches existenziales Phänomen` (S. 125). Dennoch besagt dies `aber nicht, es bestehe bezüglich ihrer kein Problem. Ihre spezielle Hermeneutik wird zu zeigen haben, wie die verschiedenen

Seinsmöglichkeiten des Daseins selbst das Miteinandersein und dessen Sichkennen mißleiten und verbauen, so daß ein echtes ʼVerstehenʼ niedergehalten wird und das Dasein zu Surrogaten die Zuflucht nimmt; welche positive existenziale Bedingung rechtes Fremdverstehen für seine Möglichkeit voraussetztʼ (S. 125).

Zum ʼSein des Daseins, um das es ihm in seinem Sein selbst geht, [gehört] das Mitsein mit Anderen. Als Mitsein ʼistʼ daher das Dasein wesenhaft umwillen Anderer. Das muß als existenziale Wesensaussage verstanden werdenʼ (S. 123).

> ʼDie Analyse hat gezeigt: Das Mitsein ist ein existenziales Konstituens des In-der-Welt-seins. Das Mitdasein erweist sich als eigene Seinsart von innerweltlich begegnendem Seienden. Sofern Dasein überhaupt *ist*, hat es die Seinsart des Miteinanderseins. Dieses kann nicht als summatives Resultat des Vorkommens mehrerer ʼSubjekteʼ begriffen werden. Das Vorfinden einer Anzahl von ʼSubjektenʼ wird selbst nur dadurch möglich, daß die zunächst in ihrem Mitdasein begegnenden Anderen lediglich noch als ʼNummernʼ behandelt werden. Solche Anzahl wird nur entdeckt durch ein bestimmtes Mit- und Zueinandersein. Dieses ʼrücksichtsloseʼ Mitsein ʼrechnetʼ mit den Anderen, ohne daß es ernsthaft ʼauf sie zähltʼ oder auch nur mit ihnen ʼzu tun habenʼ möchte.ʼ (S. 125)

Es wurde gezeigt, dass das Dasein nicht ein bezugloses Ich ist und auch nicht so etwas wie ʼIntersubjektivitätʼ als ʼBrückenschlagʼ von für sich allein bestehendem Subjekt zu allein bestehendem Subjekt bzw. zu allein bestehenden (anderen) Subjekten. Was aber ist es dann?

§ 27: Alltägliches Selbstsein und Man (S. 126–130)

Heidegger beginnt seine ontologische Untersuchung des alltäglichen Selbstseins und des Man naheliegender Weise mit Ausführungen zum Verhältnis des Daseins zu den Anderen und leitet dann über zur Analyse des alltäglichen Selbstseins und des Man:

> `Das *ontologisch* relevante Ergebnis der vorstehenden Analyse des Mitseins liegt in der Einsicht, daß der `Subjektcharakter´ des eigenen Daseins und der Anderen sich existenzial bestimmt, das heißt aus gewissen Weisen zu sein. Im umweltlich Besorgten begegnen die Anderen als das, was sie sind; sie *sind* das, was sie betreiben.
>
> Im Besorgen dessen, was man mit, für und gegen die Anderen ergriffen hat, ruht ständig die Sorge um einen Unterschied gegen die Anderen, sei es auch nur, um den Unterschied gegen sie auszugleichen, sei es, daß das eigene Dasein — gegen die Anderen zurückbleibend — im Verhältnis zu ihnen aufholen will, sei es, daß das Dasein im Vorrang über die Anderen darauf aus ist, sie niederzuhalten. Das Miteinandersein ist — ihm selbst verborgen — von der Sorge um diesen Abstand beunruhigt. Existenzial ausgedrückt, es hat den Charakter der *Abständigkeit*. Je unauffälliger diese Seinsart dem alltäglichen Dasein selbst ist, um so hartnäckiger und ursprünglicher wirkt sie sich aus.
>
> In dieser zum Mitsein gehörigen Abständigkeit liegt aber: das Dasein steht als alltägliches Miteinandersein in der *Botmäßigkeit* der Anderen. Nicht es selbst *ist*, die Anderen haben ihm das Sein abgenommen. Das Belieben der Anderen verfügt über die alltäglichen Seinsmöglichkeiten des Daseins. Diese Anderen sind dabei nicht *bestimmte* Andere. Im Gegenteil, jeder Andere kann sie vertreten. Entscheidend ist nur die unauffällige, vom Dasein als Mitsein unversehens schon übernommene Herrschaft der Anderen. Man selbst gehört zu den Anderen und verfestigt ihre Macht. `Die Anderen´, die man so nennt, um die eigene wesenhafte Zugehörigkeit zu ihnen zu verdecken, sind die, die im alltäglichen Miteinandersein zunächst und zumeist `da sind´. Das Wer ist nicht dieser und nicht jener, nicht man selbst und nicht einige und nicht die Summe Aller. Das `Wer´ ist das Neutrum, *das Man.*´ (S. 126)

Für das alltägliche Dasein ist es kennzeichnend, dass das Dasein immerfort darüber besorgt ist, dass es anders als die Anderen ist. Die Abständigkeit zu den Anderen ist das, was das Dasein beunruhigt und umtreibt – auch wenn ihm dies verborgen bleibt. Dies bedeutet, dass das Dasein in seiner Alltäglichkeit in der Botmäßigkeit der Anderen steht. Dies heißt, dass es sich ausrichtet an den Anderen, an dem, was die Anderen tun, glauben, meinen etc., das heißt, die Anderen bestimmen sein Sein. Hierbei ist es nicht so, dass es sich an bestimmten Anderen ausrichtet, sondern es sind ganz unspezifisch 'die Anderen' – zu denen 'man' auch selbst gehört. 'Die Anderen' sind eine anonyme Macht, unter deren Herrschaft das Dasein steht, sie sind 'das Man'.

Das Dasein in seiner Alltäglichkeit, also das Dasein, wie es zunächst und zumeist ist, ist vom Man her zu verstehen, näherhin vom Man-selbst:

> 'Das Selbst des alltäglichen Daseins ist das *Man-selbst*, das wir von dem *eigentlichen*, das heißt eigens ergriffenen *Selbst* unterscheiden. Als Manselbst ist das jeweilige Dasein in das Man *zerstreut* und muß sich erst finden. Diese Zerstreuung charakterisiert das 'Subjekt' der Seinsart, die wir als das besorgende Aufgehen in der nächst begegnenden Welt kennen.' (S. 129).

In gewisser Weise ist das Dasein in seiner Alltäglichkeit das Man: Es ist das Man-selbst. Dieses ist zu unterscheiden vom Dasein in seiner Eigentlichkeit, das sein Selbst eigens existierend ergreift, indem es eigentlich und nicht, wie das vom Man bestimmte uneigentliche Dasein uneigentlich existiert. Das Man ist, etwas vereinfacht und pointiert gesprochen, das Dasein in seiner Alltäglichkeit, und dieses ist wiederum, dies drückt der Titel aus, uneigentliches Dasein. Gleichwohl: Die Bedingung der Möglichkeit des eigentlichen Daseins ist das Man, wie Heidegger es exponiert (s. hierzu auch §§ 35–38 im Einzelnen unter B: Das alltägliche Sein des Da und das Verfallen des Daseins; § 35: Das Gerede; § 36: Die Neugier; § 37: Die Zweideutigkeit).

> 'Das eigentliche Selbstsein beruht nicht auf einem vom Man abgelösten Ausnahmezustand des Subjekts, sondern ist eine existenzielle Modifikation des Man als eines wesenhaften Existenzials.' (S. 130)

Das Man ent-lastet das Dasein, indem es dieses des eigenen Urteilen(-Müssen)s, Entscheiden(-Müssen)s, Handeln(-Müssen)s etc. enthebt.

> 'Das Man ist überall dabei, doch so, daß es sich auch schon immer davongeschlichen hat, wo das Dasein auf Entscheidung drängt. Weil das Man jedoch alles Urteilen und Entscheiden vorgibt, nimmt es dem jeweiligen Dasein die Verantwortlichkeit ab. Das Man kann es sich gleichsam leisten, daß 'man' sich ständig auf es beruft.' (S. 127)

Das Dasein tut, was es tut, weil *man* dies eben so tut. Das Man nivelliert und ebnet ein, ist Gleichmacherei und Durchschnittlichkeit. Diese 'ist ein existenzialer Charakter des Man' (S. 127).

> 'Dem Man geht es in seinem Sein wesentlich um sie. Deshalb hält es sich faktisch in der Durchschnittlichkeit dessen, was sich gehört, was man gelten läßt und was nicht, dem man Erfolg zubilligt, dem man ihn versagt. Diese Durchschnittlichkeit in der Vorzeichnung dessen, was gewagt werden kann und darf, wacht über jede sich vordrängende Ausnahme. Jeder Vorrang wird geräuschlos niedergehalten. Alles Ursprüngliche ist über

Nacht als längst bekannt geglättet. Alles Erkämpfte wird handlich. Jedes Geheimnis verliert seine Kraft. Die Sorge der Durchschnittlichkeit enthüllt wieder eine wesenhafte Tendenz des Daseins, die wir die *Einebnung* aller Seinsmöglichkeiten nennen.´ (S. 127)

`Wir genießen und vergnügen uns, wie *man* genießt; wir lesen, sehen und urteilen über Literatur und Kunst, wie *man* sieht und urteilt; wir ziehen uns aber auch vom `großen Haufen´ zurück, wie *man* sich zurückzieht; wir finden `empörend´, was *man* empörend findet. Das Man, das kein bestimmtes ist und das Alle, obzwar nicht als Summe, sind, schreibt die Seinsart der Alltäglichkeit vor.´ (S. 126f.)

`Abständigkeit, Durchschnittlichkeit, Einebnung konstituieren als Seinsweisen des Man das, was wir als `die Öffentlichkeit´ kennen. Sie regelt zunächst alle Welt- und Daseinsauslegung und behält in allem Recht. Und das nicht auf Grund eines ausgezeichneten und primären Seinsverhältnisses zu den `Dingen´, nicht weil sie über eine ausdrücklich zugeeignete Durchsichtigkeit des Daseins verfügt, sondern auf Grund des Nichteingehens `auf die Sachen´, weil sie unempfindlich ist gegen alle Unterschiede des Niveaus und der Echtheit. Die Öffentlichkeit verdunkelt alles und gibt das so Verdeckte als das Bekannte und jedem Zugängliche aus.´ (S. 127)

`Das Man kann es sich gleichsam leisten, dass `man´ sich ständig auf es beruft. Es kann am leichtesten alles verantworten, weil keiner es ist, der für etwas einzustehen braucht. Das Man `war´ es immer und doch kann gesagt werden, `keiner´ ist es gewesen. In der Alltäglichkeit des Daseins wird das meiste durch das, von dem wir sagen müssen, keiner war es. (S. 127)

Das Man entlastet – und kommt damit einem Hang des Daseins entgegen, erweist ihm gewissermaßen `einen Gefallen´, ist ihm `ge-fällig´. Vor allem darin ist begründet, dass es in beharrsamer Weise seine Herrschaft, die einer Diktatur gleichkommt, behauptet und (überhaupt) behaupten kann.

`Das Man *entlastet* so das jeweilige Dasein in seiner Alltäglichkeit. Nicht nur das; mit dieser Seinsentlastung kommt das Man dem Dasein entgegen, sofern in diesem die Tendenz zum Leichtnehmen und Leichtmachen liegt. Und weil das Man mit der Seinsentlastung dem jeweiligen Dasein ständig entgegenkommt, behält es und verfestigt es seine hartnäckige Herrschaft.´ (S. 127f.)

Die Herrschaft des Man ist dabei unauffällig und nicht feststellbar. Ähnlich wie Odysseus auf die Frage des Riesen Polyphem nach seinem Namen antwortet: `Niemand!´ (oudeís), könnte man auf die Frage: `Was ist das Man?´ mit einem gewissen Recht die Antwort geben: `Ein Niemand!´

'Jeder ist der Andere und Keiner er selbst. Das *Man*, mit dem sich die Frage nach dem *Wer* des alltäglichen Daseins beantwortet, ist das *Niemand*, dem alles Dasein im Untereinandersein sich je schon ausgeliefert hat.' (S. 128)

Die Herrschaft des Man ist besonders wirksam gerade dann, wenn das Dasein sich frei von aller Durchschnittlichkeit halten möchte (– denn schließlich will es ja nicht als bloß 'mittelmäßig' erscheinen).

Weil das Dasein selbst 'das Man' ist, ist (auch) dieses nicht (bloß) vorhandenheitsontologisch zu verstehen, etwa als 'die Allgemeinheit' oder als ''ein 'allgemeines Subjekt', das über mehreren schwebt' (S. 128). Es ist 'so wenig vorhanden wie das Dasein überhaupt' (S. 128).

Zum vorhandenheitsontologischen Fehlverständnis 'kann es nur kommen, wenn das Sein der 'Subjekte' nicht daseinsmäßig verstanden wird und diese als tatsächlich vorhandene Fälle einer vorkommenden Gattung angesetzt werden. Bei diesem Ansatz besteht ontologisch nur die Möglichkeit, alles was nicht der Fall ist, im Sinne der Art und Gattung zu verstehen. Das Man ist nicht die Gattung des jeweiligen Daseins und es läßt sich auch nicht als bleibende Beschaffenheit an diesem Seienden vorfinden.' (S. 128f.)

Das Man ist dem Dasein selbst zugehörig als seine Seinsweise, d.h., das Man ist eine Existenzstruktur, mithin ein Existenzial des Daseins selbst. Insofern gehört es zum Dasein in seiner Alltäglichkeit.

'Das Man ist ein Existenzial und gehört als ursprüngliches Phänomen zur positiven Verfassung des Daseins.' (S. 129)

Das alltägliche Dasein ist gewissermaßen das Man.

'Zunächst ist das Dasein Man und zumeist bleibt es so' (S. 129)

Allerdings kann doch gesagt werden, dass es auch andere Möglichkeiten gibt. Dies macht der Kontext des letzten Zitates deutlich:

'Zunächst ist das faktische Dasein in der durchschnittlich entdeckten Mitwelt. Zunächst 'bin' nicht 'ich' im Sinne des eigenen Selbst, sondern die Anderen in der Weise des Man. Aus diesem her und als dieses werde ich mir 'selbst' zunächst 'gegeben'. Zunächst ist das Dasein Man und zumeist bleibt es so. Wenn das Dasein die Welt eigens entdeckt und sich nahebringt, wenn es ihm selbst sein eigentliches Sein erschließt, dann vollzieht sich dieses Entdecken von 'Welt' und Erschließen von Dasein immer als Wegräumen der Verdeckungen und Verdunkelungen, als Zerbrechen der Verstellungen, mit denen sich das Dasein gegen es selbst abriegelt.' (S. 129)

Für das Dasein besteht durchaus die Möglichkeit, sich selbst sein eigentliches Sein zu erschließen und 'ich' zu werden im Sinne des eigenen Selbst! Doch ohne ein 'Wegräumen der Verdeckungen und Verdunkelungen', ja ein 'Zerbrechen der Verstellungen, mit denen sich das Dasein gegen es selbst abriegelt', ist dies nicht zu haben.

Die Frage 'nach dem Wer der Alltäglichkeit des Miteinanderseins' ist mit 'der Interpretation des Mit- und des Selbstseins im Man' (S. 129) nun beantwortet. Zugleich wurde 'ein konkretes Verständnis der Grundverfassung des Daseins erbracht' sowie das 'In-der-Welt-sein [...] in seiner Alltäglichkeit und Durchschnittlichkeit sichtbar' (S. 129).

Dadurch, dass nunmehr das positive Phänomen 'des nächstalltäglichen In-der-Welt-seins' aufgewiesen wurde, ist (auch) 'die Einsicht in die Wurzel der Verfehlung der ontologischen Interpretation dieser Seinsverfassung [möglich geworden]. *Sie selbst in ihrer alltäglichen Seinsart ist es, die sich zunächst verfehlt und verdeckt*' (S. 130).

Heidegger hebt hier gegen Ende des Abschnittes hervor, was sich aus der Aufweisung des Man zugleich für die Seinsweise des eigentlichen Selbstseins ergeben hat:

> 'Wenn schon das Sein des alltäglichen Miteinanderseins, das sich scheinbar ontologisch der puren Vorhandenheit nähert, von dieser *grundsätzlich verschieden ist* [Hervorhebung R. M.], dann wird das Sein des eigentlichen Selbst *noch weniger* [Hervorhebung R. M.] als Vorhandenheit begriffen werden können. [...]

Die Selbigkeit des eigentlich existierenden Selbst ist aber dann ontologisch durch eine Kluft getrennt von der Identität des in der Erlebnismannigfaltigkeit sich-durchhaltenden Ich' (S. 130).

Fünftes Kapitel In-Sein als solches

§ 28: Aufgabe einer thematischen Analyse des In-Seins (S. 130–134)

Das Dasein wurde als In-der-Welt-Sein herausgestellt. Seine Weltlichkeit wurde näher untersucht. Auf dieser Grundlage ist jetzt sein In-Sein näher zu analysieren.

Heidegger exponiert die Aufgabe näherhin folgendermaßen:

'Jetzt gilt es, die Interpretation unter Bewahrung des in der konkreten Analyse von Welt und Wer Gewonnenen zum Phänomen des In-Seins zurückzulenken. Die eindringlichere Betrachtung desselben soll aber nicht nur erneut und sicherer die Strukturganzheit des In-der-Welt-seins vor den phänomenologischen Blick zwingen, sondern auch den Weg bahnen zur Erfassung des ursprünglichen Seins des Daseins selbst, der Sorge.' (S. 131)

Heidegger hat mit dem, was er durch seine Analyse des In-Seins leisten will, das anschließende Kapitel, in dem die Sorge als das Sein des Daseins wird (§§ 39–44), fest im Blick.

Wie nun ist das Dasein 'in' der Welt?

Da das In-der-Welt-sein doch bereits untersucht und aufgewiesen wurde in seinen wesentlichen Aspekten stellt sich zunächst die Frage:

'Was kann aber noch weiter aufgezeigt werden am In-der-Welt-sein über die wesenhaften Bezüge des Seins bei der Welt (Besorgen), des Mitseins (Fürsorge) und des Selbstseins (Wer) hinaus?' (S. 131)

Heidegger gibt selbst sogleich als Antwort:

'Es bleibt allenfalls noch die Möglichkeit, die Analyse durch vergleichende Charakteristik der Abwandlungen des Besorgens und seiner Umsicht, der Fürsorge und ihrer Rücksicht in die Breite auszubauen und durch die verschärfte Explikation des Seins alles möglichen innerweltlichen Seienden das Dasein gegen nicht daseinsmäßiges Seiendes abzuheben. Ohne Frage liegen nach dieser Richtung unerledigte Aufgaben. Das bislang Herausgestellte ist vielfältig ergänzungsbedürftig im Hinblick auf eine geschlossene Ausarbeitung des existenzialen Apriori der philosophischen Anthropologie. Darauf zielt aber die vorliegende Untersuchung nicht. *Ihre Absicht ist eine fundamentalontologische.* Wenn wir sonach dem In-Sein thematisch nachfragen, dann können wir zwar nicht die Ursprünglichkeit des Phänomens durch Ableitung aus anderen, d. h. durch eine unangemessene Analyse im Sinne einer Auflösung vernichten wollen. Die Unableitbarkeit eines Ursprünglichen schließt aber eine Mannigfaltigkeit der dafür konstitutiven Seinscharaktere nicht aus. Zeigen sich solche, dann sind sie existenzial gleichursprünglich. Das Phänomen der *Gleichursprünglichkeit* der

konstitutiven Momente ist in der Ontologie oft mißachtet worden zufolge einer methodisch ungezügelten Tendenz zur Herkunftsnachweisung von allem und jedem aus einem einfachen `Urgrund´.´ (S. 131)
Festzuhalten ist hier, dass Heidegger für das Folgende die existenziale Gleichursprünglichkeit der konstitutiven Seinscharaktere, die er analysiert, eigens betont.
Wie aber ist in phänomenologisch-daseinsanalytischer Absicht nun vorzugehen?

`In welche Richtung gilt es zu sehen für die phänomenale Charakteristik des In-Seins als solchen?´ (S. 132)

Hier gilt es, sich Vorheriges, das bereits zum In-Sein in Unterscheidung zur vorhandenheitsontologischen Auffassung dargelegt wurde, in Erinnerung zu rufen:

`Wir erhalten Antwort durch die Erinnerung daran, was bei der Anzeige des Phänomens dem phänomenologisch behaltenden Blick anvertraut wurde: das In-Sein im Unterschied von der vorhandenen Inwendigkeit eines Vorhandenen `in´ einem anderen; das In-Sein nicht als eine durch das Vorhandensein von `Welt´ bewirkte oder auch nur ausgelöste Beschaffenheit eines vorhandenen Subjekts; das In-Sein vielmehr als wesenhafte Seinsart dieses Seienden selbst.´ (S. 132)

Darin, dass das Dasein dasjenige Seiende ist, dem es in seinem Sein um dieses Sein selbst geht, liegt, dass es sich selbst durchsichtig ist oder jedenfalls werden kann, was seine Weise zu sein anbelangt. Es ist sich selbst erschließbar, ist Erschlossenheit seiner selbst. Dies bedeutet, dass das Dasein `da´ ist. Das Dasein ist `Da sein´, es ist für sich selbst `da´, ist für sich selbst erschlossen in seinem Sein.

`Der Ausdruck `Da´ meint die wesenhafte Erschlossenheit. Durch sie ist dieses Seiende (das Dasein) in eins mit dem Da-sein von Welt für es selbst `da´.´ (S. 132)

`Das Seiende, das wesenhaft durch das In-der-Welt-sein konstituiert wird, *ist* selbst je sein `Da´.´ (S. 132)

Die `existenzial-ontologische Struktur dieses Seienden [, das das Dasein ist,ist es; R.M.], daß es *ist* in der Weise, sein Da zu sein. […] *Das Dasein ist seine Erschlossenheit.*

[…] das Sein, darum es diesem Seienden in seinem Sein geht, ist, sein `Da´ zu sein.´ (S. 133)

Was nun macht diese Erschlossenheit aus bzw. was ist die existenziale Konstitution des `Da´?

Zunächst ist, um zu einer Antwort zu gelangen, das Sein der Erschlossenheit zu charakterisieren in seiner primären Konstitution (*A. Die existenziale Konstitution des Da*), hernach hat (wiederum) eine `Interpretation der Seinsart, in der dieses Seiende *alltäglich* sein Da ist' (S. 133) zu erfolgen (*B. Das alltägliche Sein des Da und das Verfallen des Daseins*).

Im Einzelnen unternimmt Heidegger die Beantwortung, indem er das In-Sein in seinen einzelnen Strukturmomenten existenzial durchleuchtet. Diese Strukturmomente sind *Befindlichkeit* (§§ *29f.*), *Verstehen* (§§ *31ff.*) sowie *Rede* (§ *34*). Sie machen die existenziale Konstitution des Da aus.

Wiederum betont Heidegger:

> `Die Analyse der Seinscharaktere des *Da-seins* ist eine existenziale. Das besagt: Die Charaktere sind nicht Eigenschaften eines Vorhandenen, sondern wesenhaft existenziale Weisen zu sein. Ihre Seinsart in der Alltäglichkeit muß daher herausgestellt werden.' (S. 133)

Daraus ergibt sich das weitere Vorgehen:

Das In-der-Welt-sein des Daseins in seiner Alltäglichkeit wird artikuliert in der Rede. Rede aber hat den Charakter der Publizität. Damit aber steht das Dasein im Einfluss- und Wirkungskreis des Man. Hierdurch unterliegt das Dasein im alltäglichen Sein des Da stets der Möglichkeit des Verfallens, d.h. der Möglichkeit, nicht es selbst zu sein. Als `existenziale Modi des alltäglichen Seins des Da' (S. 133) sind zu analysieren: Gerede (§ 35), Neugier (§ 36) und Zweideutigkeit (§ 37). Der Zusammenhang von Verfallen und Geworfenheit ist zu explizieren (§ 38): Das Verfallen des Daseins ist ein Existenzial, d.h. Verfallen ist für das Dasein konstitutiv.

A. Existenziale Konstitution des Da

§ 29: Da-sein als Befindlichkeit (S. 134–140)

Das Dasein in seinem `Da-sein´ ist als Befindlichkeit zu explizieren.
Schon vorderhand ist das Dasein in der Welt `da´ aufgrund dessen, dass es `in´ ihr ist, sich in dieser befindet. Adäquaterweise ist dieses `Sichbefinden´ nicht vorhandenheitsontologisch, sondern als Existenzial, mithin als Strukturmoment des Daseins, zu verstehen.

Da Befindlichkeit zur Existenzialstruktur des Daseins gehört, ist das Dasein stets irgendwie *gestimmtes* Dasein.

In ontischer Perspektive ist das, was ontologisch-existenzanalytisch durch den Titel Befindlichkeit indiziert wird, etwas ganz `Triviales´: die Stimmung.

> `Was wir *ontologisch* mit dem Titel Befindlichkeit anzeigen, ist *ontisch* das Bekannteste und Alltäglichste: die Stimmung, das Gestimmtsein.´ (S. 134)

Ein Dasein, das nicht irgendwie gestimmt ist, `gibt´ es nicht. Gestimmtsein ist ein Charakteristikum des Daseins.

Wohl gibt es so etwas wie Ungestimmtheit. Doch dies bedeutet keineswegs, dass das Dasein nicht gestimmt wäre, sondern Ungestimmtheit ist selbst eine spezifische Stimmung.

> `Die oft anhaltende, ebenmäßige und fahle Ungestimmtheit, die nicht mit Verstimmung verwechselt werden darf, ist so wenig nichts, daß gerade in ihr das Dasein ihm selbst überdrüssig wird. Das Sein des Da ist in solcher Verstimmung als Last offenbar geworden. Warum, *weiß* man nicht. Und das Dasein kann dergleichen nicht wissen, weil die Erschließungsmöglichkeiten des Erkennens viel zu kurz tragen gegenüber dem ursprünglichen Erschließen der Stimmungen, in denen das Dasein vor sein Sein als da gebracht ist.´ (S. 134.)

Gestimmtsein bedeutet Selbsterschlossenheit des Daseins als dasjenige Seiende, das sich selbst als das Sein, das es existierend sein muss, überantwortet ist.

Gerade `in der gleichgültigsten und harmlosesten Alltäglichkeit kann das Sein des Daseins als nacktes `Daß es ist und zu sein hat´ aufbrechen´. (S. 134)

> `In der Gestimmtheit ist immer schon stimmungsmäßig das Dasein als *das* Seiende erschlossen, dem das Dasein in seinem Sein überantwortet wurde als dem Sein, das es existierend zu sein hat.´ (S. 134)

Allerdings – notabene:

> `Erschlossen besagt nicht, als solches erkannt.´ (S. 134)

Gestimmtsein bedeutet auch Erschlossensein der Welt bzw. des Weltganzen je in einer bestimmten (`stimmungsentsprechenden´) Weise.

> `Die Stimmung hat je schon das In-der-Welt-sein als Ganzes erschlossen und macht ein Sichrichten auf ... allererst möglich.´ (S. 137)

Festzuhalten ist, dass die Stimmung nicht einfach mit Seelischem zu verwechseln oder als zuvörderst auf dieses bezogen zu verstehen ist:

> `Das Gestimmtsein bezieht sich nicht zunächst auf Seelisches, ist selbst kein Zustand drinnen, der dann auf rätselhafte Weise hinausgelangt und auf die Dinge und Personen abfärbt. Darin zeigt sich der *zweite* Wesenscharakter der Befindlichkeit. Sie ist eine existenziale Grundart *der gleichursprünglichen Erschlossenheit* von Welt, Mitdasein und Existenz, weil diese selbst wesenhaft In-der-Weltsein ist.´ (S. 137)

Zum Sein des Daseins nun gehört es, dass das Dasein `Ausweichmanöver´ vollziehen kann. Es kann dem, was sich ihm in der Stimmung erschlossen hat, auch ausweichen.

Dass es ausweichen kann, ist eine existenziale Möglichkeit, die für das Sein des Daseins charakteristisch ist, indem es dies zumeist tut. Dadurch aber, dass das Dasein diese Möglichkeit hat und sie vollzieht, ist – ontologisch-existenzial betrachtet – sein `Da´ erschlossenes Da.

> `Das Dasein weicht zumeist *ontisch*-existenziell dem in der Stimmung erschlossenen Sein aus; das besagt *ontologisch*-existenzial: in dem, woran solche Stimmung sich nicht kehrt, ist das Dasein in seinem Überantwortetsein an das Da enthüllt. Im Ausweichen selbst *ist* das Da erschlossenes.´ (S. 135)

Allerdings kann das Dasein der Welt natürlich nicht entfliehen, denn auch der Rück-zug von der Welt führt das Dasein nicht aus dieser heraus. Denn In-der-Welt-sein ist schließlich ein Existenzial des Daseins selbst.

Damit, dass das Dasein es vermag, sich aus der Welt zurückzuziehen, erschließt sich in der Befindlichkeit mithin nicht allein, dass es ist und zu sein hat (s.o.), sondern näherhin auch seine Faktizität bzw. seine Geworfenheit.

> `Diesen in seinem Woher und Wohin verhüllten, aber an ihm selbst um so unverhüllter erschlossenen Seinscharakter des Daseins, dieses `Daß es ist´ nennen wir die *Geworfenheit* dieses Seienden in sein Da, so zwar, daß es als In-der-Welt-sein das Da ist. Der Ausdruck Geworfenheit soll die *Faktizität der Überantwortung* andeuten.´ (S. 135)

> `Die Befindlichkeit erschließt das Dasein in seiner Geworfenheit und zunächst und zumeist in der Weise der ausweichenden Abkehr.´ (S. 136)

Auch hier ist dem vorhandenheitsontologischen Missverständnis zu wehren:

'Das in der Befindlichkeit des Daseins erschlossene 'Daß es ist und zu sein hat' ist nicht jenes 'Daß', das ontologisch-kategorial die der Vorhandenheit zugehörige Tatsächlichkeit ausdrückt. Diese wird nur in einem hinsehenden Feststellen zugänglich. Vielmehr muß das in der Befindlichkeit erschlossene Daß als existenziale Bestimmtheit *des Seienden* begriffen werden, das in der Weise des In-der-Welt-seins ist. *Faktizität ist nicht die Tatsächlichkeit des factum brutum eines Vorhandenen, sondern ein in die Existenz aufgenommener, wenngleich zunächst abgedrängter Seinscharakter des Daseins.* Das Daß der Faktizität wird in einem Anschauen nie vorfindlich.

Seiendes vom Charakter des Daseins ist sein Da in der Weise, daß es sich, ob ausdrücklich oder nicht, in seiner Geworfenheit befindet. In der Befindlichkeit ist das Dasein immer schon vor es selbst gebracht, es hat sich immer schon gefunden, nicht als wahrnehmendes Sich-vorfinden, sondern als gestimmtes Sichbefinden.' (S. 135)

Das Dasein kann sein In-der-Welt-sein nicht ablegen, kann sich seines Existenzials, das es ja ist, da es konstitutiv als Strukturmoment zu seinem Sein gehört, nicht 'entledigen'.

Gerade dann, wenn das Dasein sich der Welt zu entziehen versucht, wird ihm 'in einem Finden, das nicht so sehr einem direkten Suchen, sondern einem Fliehen entspringt' (S. 135), seine Geworfenheit erschlossen durch die Stimmung, die 'das Dasein vor das Daß seines Da bringt, als welches es ihm in unerbittlicher Rätselhaftigkeit entgegenstarrt' (S. 136).

Zugleich hat die Befindlichkeit gleichsam eine 'Transzendentalfunktion': Nur aufgrund ihrer erschließt sich dem Dasein jeweilig das Ganze des In-der-Welt-seins (s.o.), mithin schlechterdings insgesamt Welt als sinnhaftes Verweisungsgefüge, und kann als solches angesprochen werden.

Denn in der Befindlichkeit bzw. (ontisch-existenziell) der Stimmung dreht 'es' sich um das Ganze des In-der-Welt-seins, oder genauer: Das Dasein ist bezogen auf sein Sein in der Welt, die sich ihm in spezifischer Weise im Gestimmtsein erschlossen hat, es geht um sein In-der-Welt-sein überhaupt.

Erst auf der Grundlage der 'Transzendentalfunktion' der Befindlichkeit ist es auch möglich, dass das Dasein von Innerweltlichem überhaupt betroffen werden kann.

'Neben diesen beiden explizierten Wesensbestimmungen der Befindlichkeit, dem Erschließen der Geworfenheit und dem jeweiligen Erschließen des ganzen In-der-Welt-seins ist eine *dritte* zu beachten, die vor allem zum eindringlicheren Verständnis der Weltlichkeit der Welt beiträgt. Früher [...] wurde gesagt: Die vordem schon erschlossene Welt läßt Innerweltliches begegnen. Diese vorgängige, zum In-Sein gehörige Erschlossenheit der Welt ist durch die Befindlichkeit mitkonstituiert. Das Begegnenlassen ist primär *umsichtiges,* nicht lediglich noch ein Empfinden oder Anstarren. Das umsichtig besorgende Begegnenlassen hat — so können wir jetzt von der Befindlichkeit her schärfer sehen — den Charakter des Betroffenwerdens. Die Betroffenheit aber durch die Undienlichkeit, Widerständigkeit, Bedrohlichkeit des Zuhandenen wird ontologisch nur so möglich, daß das In-Sein als solches existenzial vorgängig so bestimmt ist, daß es in dieser Weise von innerweltlich Begegnendem *angegangen* werden kann. Diese Angänglichkeit gründet in der Befindlichkeit, als welche sie die Welt zum Beispiel auf Bedrohbarkeit hin erschlossen hat. Nur was in der Befindlichkeit des Fürchtens, bzw. der Furchtlosigkeit ist, kann umweltlich Zuhandenes als Bedrohliches entdecken. Die Gestimmtheit der Befindlichkeit konstituiert existenzial die Weltoffenheit des Daseins.' (S. 137)

Das Dasein kann durch Weltliches betroffen werden, es ist angänglich. Angänglichkeit gibt es nur auf der Grundlage der Befindlichkeit des Daseins, näherhin – dies wird noch bedeutsam werden (s. bes. § 30, aber auch § 40 [Grundbefindlichkeit der Angst]) – in der Befindlichkeit des Fürchtens (bzw. der Furchtlosigkeit). Betroffenheit wiederum ist aber für das umsichtige Besorgen eine unverzichtbare Bedingung, welches wiederum Ursprung von Zuhandenheit ist.

Befindlichkeit ist dabei nicht einfach Gefühlshaftigkeit im üblichen, gegen eine sog. `rationale Einstellung' abgegrenzten Sinne. Denn sie fundiert auch das sog. Rationale, steht gleichsam `im Rücken' auch der sog. Rationalität und eines `rationalen Verhaltens' und einer `rationalen Einstellung' gegenüber der Welt als fundierender Grund. Auch die (scheinbar) `rein sachliche' Einstellung zur Welt und den weltlichen Belangen ist eine Weise der Gestimmtheit, eine Weise, in der die Welt als Ganzes in ihrem Zusammenhang vorweg `sachlich', in distanzierter Zurückhaltung, gewissermaßen einem `An-sich-halten', dem Dasein erschlossen ist und sich im Einzelnen er-schließt.

Entsprechend verhält es sich mit dem Kontemplativen. Auch in der vita contemplativa ist das Dasein seines Weltbezuges nicht enthoben. So ist es ganz konsequent, wenn die antike Philosophie die theoría als ruhiges – also in spezifischer Weise gestimmtes – Verweilen bei ihrem Gegenstand versteht.

> `Theoretisches Hinsehen hat immer schon die Welt auf die Einförmigkeit des puren Vorhandenen abgeblendet, innerhalb welcher Einförmigkeit freilich ein neuer Reichtum des im reinen Bestimmen Entdeckbaren beschlossen liegt. Aber auch die reinste theoría [Transkription, im Original griechisch; R.M.] hat nicht alle Stimmung hinter sich gelassen; auch ihrem Hinsehen zeigt sich das nur noch Vorhandene in seinem puren Aussehen lediglich dann, wenn sie es im *ruhigen* Verweilen bei ... in der (h)rastónê

[Transkription, im Original griechisch; R.M.] und diagogê [Transkription, im Original griechisch; R.M.] auf sich zukommen lassen kann.' (S. 138) Im Zuge der existenzialen Analyse des In-Seins wird Heidegger auch die Rede als Moment der existenzialen Konstitution des Da entfalten (§ 34). Von der Rede ist aber bereits hier `die Rede´: Die Rhetorik ist diejenige Disziplin, in der in der abendländischen Geistesgeschichte erstmalig die Affekte und Gefühle eingehend durchleuchtet wurden, vor ihrer Thematisierung in der `Psychologie´. Dies ist insofern ganz konsequent, als es in der Rhetorik darum ging (bzw. geht), wie der Zuhörer mittels der Rede von etwas betroffen werden kann, so dass es ihn angeht (vgl. Angänglichkeit, s.o.), und so eine bestimmte Stimmung in ihm hervorgerufen werden kann. Als die `erste systematische Hermeneutik der Alltäglichkeit des Miteinander-seins´ (S. 138) war (bzw. ist) die Rhetorik eine Hermeneutik des Man.

Die Stimmung, die der Rhetor hervorruft, ist nicht nur etwas Subjektives, ist nicht nur ein bestimmtes `Gefühl´. Die Auffassung, Gefühle seien, außer Wille und Vorstellung, (bloß) psychische Phänomene, ist verfehlt.

`Unter dem Titel der Affekte und Gefühle sind die Phänomene ontisch längst bekannt und in der Philosophie immer schon betrachtet worden. Es ist kein Zufall, daß die erste überlieferte, systematisch ausgeführte Interpretation der Affekte nicht im Rahmen der `Psychologie´ abgehandelt ist. *Aristoteles* untersucht die páthê [Transkription, im Original griechisch; R.M.] im zweiten Buch seiner `Rhetorik´. Diese muß – entgegen der traditionellen Orientierung des Begriffes der Rhetorik an so etwas wie einem `Lehrfach´– als die erste systematische Hermeneutik der Alltäglichkeit des Miteinanderseins aufgefaßt werden. Die Öffentlichkeit als die Seinsart des Man (vgl. § 27) hat nicht nur überhaupt ihre Gestimmtheit, sie braucht Stimmung und `macht´ sie für sich. In sie hinein und aus ihr heraus spricht der Redner. Er bedarf des Verständnisses der Möglichkeiten der Stimmung, um sie in der rechten Weise zu wecken und zu lenken.

Die Weiterführung der Interpretation der Affekte in der Stoa, imgleichen die Überlieferung derselben durch die patristische und scholastische Theologie an die Neuzeit sind bekannt. Unbeachtet bleibt, daß die grundsätzliche ontologische Interpretation des Affektiven überhaupt seit Aristoteles kaum einen nennenswerten Schritt vorwärts hat tun können. Im Gegenteil: die Affekte und Gefühle geraten thematisch unter die psychischen Phänomene, als deren dritte Klasse sie meist neben Vorstellen und Wollen fungieren. Sie sinken zu Begleitphänomenen herab.

Es ist ein Verdienst der phänomenologischen Forschung, wieder eine freiere Sicht auf diese Phänomene geschaffen zu haben. Nicht nur das; *Scheler* hat vor allem unter Aufnahme von Anstößen *Augustins* und *Pascals* [...] die Problematik auf die Fundierungszusammenhänge zwischen den `vorstellenden' und `interessenehmenden' Akten gelenkt. Freilich bleiben auch hier noch die existenzial-ontologischen Fundamente des Aktphänomens überhaupt im Dunkel.' (S. 138f.)

`Die Befindlichkeit erschließt nicht nur das Dasein in seiner Geworfenheit und Angewiesenheit auf die mit seinem Sein je schon erschlossene Welt, sie ist selbst die existenziale Seinsart, in der es sich ständig an die `Welt' ausliefert, sich von ihr angehen läßt derart, daß es ihm selbst in gewisser Weise ausweicht. Die existenziale Verfassung dieses Ausweichens wird am Phänomen des Verfallens deutlich werden.' (S. 139)

Die Befindlichkeit ist eine existenziale Grundart, in der das Dasein sein Da ist. Sie charakterisiert nicht nur ontologisch das Dasein, sondern ist zugleich auf Grund ihres Erschließens für die existenziale Analytik von grundsätzlicher methodischer Bedeutung. Diese vermag, wie jede ontologische Interpretation überhaupt, nur vordem schon erschlossenes Seiendes auf sein Sein gleichsam abzuhören. Und sie wird sich an die ausgezeichneten weittragendsten Erschließungsmöglichkeiten des Daseins halten, um von ihnen den Aufschluß dieses Seienden entgegenzunehmen. Die phänomenologische Interpretation muß dem Dasein selbst die Möglichkeit des ursprünglichen Erschließens geben und es gleichsam sich selbst auslegen lassen. Sie geht in diesem Erschließen nur mit, um den phänomenalen Gehalt des Erschlossenen existenzial in den Begriff zu heben.

Mit Rücksicht auf die später folgende Interpretation einer solchen existenzial-ontologisch bedeutsamen Grundbefindlichkeit des Daseins, der Angst (vgl. § 40), soll das Phänomen der Befindlichkeit an dem bestimmten Modus der *Furcht* noch konkreter demonstriert werden.' (S. 139f.)

Es geht bei Stimmung bzw. Befindlichkeit gerade nicht um ein (nur) `subjektives' Gestimmtsein. Es ist gerade nicht im Sinne von (bloßer) Subjektivität zu verstehen, dass das Dasein stets bereits gestimmtes Dasein ist.

Aufgewiesen wird dies von Heidegger nun, mit Vorblick auf die existential-ontologisch bedeutsame Grundbefindlichkeit der Angst, am Exempel der Stimmung bzw. Befindlichkeit der Furcht.

§ 30: Furcht als ein Modus der Befindlichkeit (S. 140–142)

Die phänomenologische Untersuchung der Furcht als Modus der Befindlichkeit ergibt, dass Furcht Furcht *vor etwas* ist (in Differenz zur Angst; s. § 40), durch das das Dasein betroffen werden kann, dass dem Dasein, wenn es sich fürchtet, die Welt schon auf spezifische Weise erschlossen ist, und dass in der Furcht um etwas Gefährdetes ge-fürchtet wird. Das Gefährdete aber ist, wohlverstanden, das Dasein selbst, denn Um- und Mitwelt sind schließlich Strukturmomente des Daseins selbst.

§ 31: Da-sein als Verstehen (S. 142–148)

Dasein ist in seinem In-der-Welt-sein so wie befindliches stets bereits *verstehendes* Da-sein. Die Befindlichkeit hat ihr Verständnis – die Welt ist durch sie für das Dasein in einer je spezifisch gestimmten Weise erschlossen –, das Verstehen ist stets bereits gestimmt.

> `Die Befindlichkeit ist *eine* der existenzialen Strukturen, in denen sich das Sein des `Da´ hält. Gleichursprünglich mit ihr konstituiert dieses Sein das *Verstehen*. Befindlichkeit hat je ihr Verständnis, wenn auch nur so, daß es sie niederhält. Verstehen ist immer gestimmtes.´ (S. 142)

Das Verstehen erschließt, anders als die Gestimmtheit des Daseins, die Situation als je bestimmte und die hierin liegenden bzw. eröffneten Möglichkeiten des Daseins. Das, was für gewöhnlich für Verstehen genommen wird, gründet im existenzialen Verstehen, d.h. im Verstehen als Existenzial.

> `Wenn wir dieses als fundamentales Existenzial interpretieren, dann zeigt sich damit an, daß dieses Phänomen als Grundmodus des *Seins* des Daseins begriffen wird. `Verstehen´ dagegen im Sinne *einer* möglichen Erkenntnisart unter anderen, etwa unterschieden von `Erklären´, muß mit diesem als existenziales Derivat des primären, das Sein des Da überhaupt mitkonstituierenden Verstehens interpretiert werden.´ (S. 143)

Heideggers existenziale Auffassung von Verstehen ist orientiert an `einer Sache vorstehen können´, `ihr gewachsen sein´, `sich auf etwas verstehen´ und meint `können´. Das Können, das für das Dasein eigentümlich ist, ist, um das eigene Sein besorgt sein zu können, existierend um das eigene Sein besorgt zu sein und sich um es zu kümmern. Dasein heißt Seinkönnen. Diese Seinsart liegt existenzial im Verstehen.

> `Im Verstehen liegt existenzial die Seinsart des Daseins als Sein-können.´ (S. 143)

Sein Seinkönnen vollzieht das Dasein, indem es als Möglichsein existierend seine Möglichkeiten als *seine* Möglichkeiten *ist*.

> `Dasein ist nicht ein Vorhandenes, das als Zugabe noch besitzt, etwas zu können, sondern es ist primär Möglichsein. Dasein ist je das, was es sein kann und wie es seine Möglichkeit ist. Das wesenhafte Möglichsein des Daseins betrifft die charakterisierten Weisen des Besorgens der `Welt´, der Fürsorge für die anderen und in all dem und immer schon das Seinkönnen zu ihm selbst, umwillen seiner. Das Möglichsein, das je das Dasein existenzial ist, unterscheidet sich ebensosehr von der leeren, logischen Möglichkeit wie von der Kontingenz eines Vorhandenen, sofern mit diesem das und jenes `passieren´ kann. Als modale Kategorie der Vorhandenheit bedeutet Möglichkeit das *noch nicht* Wirkliche und das *nicht jemals* Notwendige. Sie charakterisiert das *nur* Mögliche. Sie ist ontologisch niedriger

als Wirklichkeit und Notwendigkeit. Die Möglichkeit als Existenzial dagegen ist die ursprünglichste und letzte positive ontologische Bestimmtheit des Daseins' (S. 143f.).
'Das Dasein ist die Möglichkeit des Freiseins *für* das eigenste Seinkönnen' (S. 144), wobei das 'Möglichsein [...] ihm selbst in verschiedenen möglichen Weisen und Graden durchsichtig' (S. 144) ist.
Das Dasein ist, indem es seine *Möglichkeiten* ist. Das eigenste Seinkönnen des Daseins ist allerdings ineins bestimmt durch die Geworfenheit, d.h. beschränkt durch die Faktizität. Das Dasein ist als ihm selbst überantwortetes Möglichsein *geworfene* Möglichkeit.

'Die Möglichkeit als Existenzial bedeutet nicht das freischwebende Seinkönnen im Sinne der 'Gleichgültigkeit der Willkür' (libertas indifferentiae). Das Dasein ist als wesenhaft befindliches je schon in bestimmte Möglichkeiten hineingeraten, als Seinkönnen, das es *ist*, hat es solche vorbeigehen lassen, es begibt sich ständig der Möglichkeiten seines Seins, ergreift sie und vergreift sich. Das besagt aber: das Dasein ist ihm selbst überantwortetes Möglichsein, durch und durch *geworfene Möglichkeit.*' (S. 144)

Das befindliche Verstehen erschließt dem Dasein seine ureigensten, durch die Faktizität bestimmt-begrenzten Möglichkeiten. Das Dasein zeichnet Selbstverstehen aus.

'Verstehen ist das Sein solchen Seinkönnens, das nie als Noch-nicht-vorhandenes aussteht, sondern als wesenhaft nie Vorhandenes mit dem Sein des Daseins im Sinne der Existenz 'ist'. Das Dasein ist in der Weise, daß es je verstanden, bzw. nicht verstanden hat, so oder so zu sein. Als solches Verstehen 'weiß' es, *woran* es mit ihm selbst, das heißt seinem Seinkönnen ist. Dieses 'Wissen' ist nicht erst einer immanenten Selbstwahrnehmung erwachsen, sondern gehört zum Sein des Da, das wesenhaft Verstehen ist. Und nur *weil* Dasein verstehend sein Da ist, *kann* es sich verlaufen und verkennen. Und sofern Verstehen befindliches ist und als dieses existenzial der Geworfenheit ausgeliefertes, hat das Dasein sich je schon verlaufen und verkannt. In seinem Seinkönnen ist es daher der Möglichkeit überantwortet, sich in seinen Möglichkeiten erst wieder zu finden.

Verstehen ist das existenziale Sein des eigenen Seinkönnens des Daseins selbst [...].' (S. 144)

Das Verstehen geht dabei 'aufs Ganze', nämlich auf das Ganze des In-der-Welt-seins des Daseins:

'Das Verstehen betrifft als Erschließen immer die ganze Grundverfassung des In-der-Welt-seins.' (S. 144)

Das Dasein entwirft sich im existenzialen Verstehen – das als solches aber noch kein ontologisches Begreifen ist – auf seine Möglichkeiten hin, die es existierend ergreift oder verfehlt. Das Verstehen hat Entwurfcharakter. Es hat `an ihm selbst die existenziale Struktur [...], die wir den *Entwurf* nennen´ (S. 145).

`Warum dringt das Verstehen nach allen wesenhaften Dimensionen des in ihm Erschließbaren immer in die Möglichkeiten? Weil das Verstehen an ihm selbst die existenziale Struktur hat, die wir den *Entwurf* nennen. Es entwirft das Sein des Daseins auf sein Worumwillen ebenso ursprünglich wie auf die Bedeutsamkeit als die Weltlichkeit seiner jeweiligen Welt. Der Entwurfcharakter des Verstehens konstituiert das In-der-Welt-sein hinsichtlich der Erschlossenheit seines Da als Da eines Seinkönnens. Der Entwurf ist die existenziale Seinsverfassung des Spielraums des faktischen Seinkönnens. Das Entwerfen hat nichts zu tun mit einem Sichverhalten zu einem ausgedachten Plan, gemäß dem das Dasein sein Sein einrichtet, sondern als Dasein hat es sich je schon entworfen und ist, solange es ist, entwerfend. Dasein versteht sich immer schon und immer noch, solange es ist, aus Möglichkeiten. Der Entwurfcharakter des Verstehens besagt ferner, daß dieses das, woraufhin es entwirft, die Möglichkeiten, selbst nicht thematisch erfaßt. Solches Erfassen benimmt dem Entworfenen gerade seinen Möglichkeitscharakter, zieht es herab zu einem gegebenen, gemeinten Bestand, während der Entwurf im Werfen die Möglichkeit als Möglichkeit sich vorwirft und als solche *sein* läßt. Das Verstehen ist, als Entwerfen, die Seinsart des Daseins, in der es seine Möglichkeiten als Möglichkeiten *ist.*

Auf dem Grunde der Seinsart, die durch das Existenzial des Entwurfs konstituiert wird, ist das Dasein ständig `mehr´, als es tatsächlich ist, wollte man es und könnte man es als Vorhandenes in seinem Seinsbestand registrieren. Es ist aber nie mehr, als es faktisch ist, weil zu seiner Faktizität das Seinkönnen wesenhaft gehört. Das Dasein ist aber als Möglichsein auch nie weniger, das heißt das, was es in seinem Seinkönnen *noch nicht* ist, *ist* es existenzial. Und nur weil das Sein des Da durch das Verstehen und dessen Entwurfcharakter seine Konstitution erhält, weil es *ist*, was es wird bzw. nicht wird, kann es verstehend ihm selbst sagen: `werde, was du bist!´.´ (S. 145)

`Die Erschlossenheit des Da im Verstehen ist selbst eine Weise des Seinkönnens des Daseins. In der Entworfenheit seines Seins auf das Worumwillen in eins mit der auf die Bedeutsamkeit (Welt) liegt Erschlossenheit von Sein überhaupt. Im Entwerfen auf Möglichkeiten ist schon Seinsverständnis vorweggenommen. Sein ist im Entwurf verstanden, nicht ontologisch begriffen.´ (S. 147)

Das verstehend-entwerfende Dasein als geworfen-entwerfendes In-der-Welt-sein ist im Existenzvollzug seiner Möglichkeiten als Möglichkeiten.

Das Dasein ist `wesentlich´ entwerfendes Dasein, es ist gewissermaßen `geworfen in den Entwurf´. Dieser wiederum hat nur statt und kann nur

statthaben auf dem Boden der Geworfenheit. Hierin liegt begründet die Zeitlichkeit des Daseins als 'Sich-vorweg-sein'. Sein Seinkönnen begründet letztlich die Zeit des Daseins – nicht umgekehrt!
Auf dem Hintergrund dessen, was im Zusammenhang der Untersuchung des existenzialen Verstehens über dessen Entwurfcharakter sowie über die Möglichkeit dargetan wurde, lässt sich das, was sich in der Untersuchung der Weltlichkeit der Welt ergeben hatte, neu fassen: Die Zugänglichkeit des Zuhandenen als Zuhandenes des Daseins bzw. für dasselbe besteht in seiner Dienlichkeit, Verwendbarkeit bzw. Abträglichkeit. Das, was als Zeuggefüge im Sinne einer Bewandtnisganzheit in den Blick gekommen war, offenbart sich 'als das kategoriale Ganze einer *Möglichkeit* des Zusammenhangs von Zuhandenem' (S. 144).

'Als Seinkönnen ist das In-Sein je Seinkönnen-in-der-Welt. Diese ist nicht nur qua Welt als mögliche Bedeutsamkeit erschlossen, sondern die Freigabe des Innerweltlichen selbst gibt dieses Seiende frei auf *seine* Möglichkeiten. Das Zuhandene ist als solches entdeckt in seiner *Dienlichkeit, Verwendbarkeit, Abträglichkeit*. Die Bewandtnisganzheit enthüllt sich als das kategoriale Ganze einer *Möglichkeit* des Zusammenhangs von Zuhandenem.' (S. 144)

Der Entwurf des Daseins bestimmt dessen spezifische Sicht.

'Das Verstehen macht in seinem Entwurfcharakter existenzial das aus, was wir die *Sicht* des Daseins nennen.' (S. 146)

Sicht in der Bedeutung der Gelichtetheit. Auch hier meint Heidegger freilich sogleich einem Missverständnis wehren zu müssen:

'Der Ausdruck 'Sicht' muß freilich von einem Mißverständnis bewahrt bleiben. Er entspricht der Gelichtetheit, als welche wir die Erschlossenheit des Da charakterisierten. Das 'Sehen' meint nicht nur nicht das Wahrnehmen mit den leiblichen Augen, sondern auch nicht das pure unsinnliche Vernehmen eines Vorhandenen in seiner Vorhandenheit. Für die existenziale Bedeutung von Sicht ist nur *die* Eigentümlichkeit des Sehens in Anspruch genommen, daß es das ihm zugänglich Seiende an ihm selbst unverdeckt begegnen läßt. Das leistet freilich jeder 'Sinn' innerhalb seines genuinen Ent-deckungsbezirkes. Die Tradition der Philosophie ist aber von Anfang an primär am 'Sehen' als Zugangsart zu Seiendem *und zu Sein* orientiert. Um den Zusammenhang mit ihr zu wahren, kann man Sicht und Sehen so weit formalisieren, daß damit ein universaler Terminus gewonnen wird, der jeden Zugang zu Seiendem und zu Sein als Zugang überhaupt charakterisiert.' (S. 147)

Die durch das Dasein vollzogene Um(-)sicht im Besorgen des Innerweltlichen seiner Umwelt wird nun fassbar als ein spezifischer Verstehensmodus, desgleichen die Rück(-)sicht der Fürsorge als Verstehen der Situation des bzw. der Anderen.

Der Entwurf bestimmt auch die Durchsichtigkeit des Daseins: Es ist sich selbst in spezifischer Weise durchsichtig. Diese Durchsichtigkeit meint zwar die `wohlverstandene[n] `Selbsterkenntnis'' (S. 146), sie meint aber nicht, dass ein Subjekt sich selbst in direkter Weise zum Erkenntnisgegenstand machen würde – mit den bekannten Folgen der subjektphilosophischen Aporien –, sondern sie meint vielmehr eine Selbstbeziehung in gewisser Weise im `Medium´ der Erschlossenheit des In-der-Welt-seins.

> `Die mit der Erschlossenheit des Da existenzial seiende Sicht *ist* das Dasein gleichursprünglich nach den gekennzeichneten Grundweisen seines Seins als Umsicht des Besorgens, Rücksicht der Fürsorge, als Sicht auf das Sein als solches, umwillen dessen das Dasein je ist, wie es ist. Die Sicht, die sich primär und im ganzen auf die Existenz bezieht, nennen wir die *Durchsichtigkeit*. Wir wählen diesen Terminus zur Bezeichnung der wohlverstandenen `Selbsterkenntnis´, um anzuzeigen, daß es sich bei ihr nicht um das wahrnehmende Aufspüren und Beschauen eines Selbstpunktes handelt, sondern um ein verstehendes Ergreifen der vollen Erschlossenheit des In-der-Welt-seins *durch* seine wesenhaften Verfassungsmomente *hindurch*. Existierendes Seiendes sichtet `sich´ nur, sofern es sich gleichursprünglich in seinem Sein bei der Welt, im Mitsein mit Anderen als der konstitutiven Momente seiner Existenz durchsichtig geworden ist.
>
> Umgekehrt wurzelt die Undurchsichtigkeit des Daseins nicht einzig und primär in `egozentrischen´ Selbsttäuschungen, sondern ebensosehr in der Unkenntnis der Welt. (S. 146)

Das Verstehen kann grundsätzlich in zweierlei Weise statthaben: es kann eigentliches oder aber uneigentliches Verstehen sein, wobei beide Formen wiederum echt oder unecht sein können:

> `Der Entwurf betrifft immer die volle Erschlossenheit des In-der-Weltseins; das Verstehen hat als Seinkönnen selbst Möglichkeiten, die durch den Umkreis des in ihm wesenhaft Erschließbaren vorgezeichnet sind. Das Verstehen *kann* sich primär in die Erschlossenheit der Welt legen, das heißt das Dasein kann sich zunächst und zumeist aus seiner Welt her verstehen. Oder aber das Verstehen wirft sich primär in das Worum-willen, das heißt das Dasein existiert als es selbst. Das Verstehen ist entweder eigentliches, aus dem eigenen Selbst als solchem entspringendes, oder uneigentliches. Das `Un-´ besagt nicht, daß sich das Dasein von seinem Selbst abschnürt und `nur´ die Welt versteht. Welt gehört zu seinem Selbstsein als In-der-Welt-sein. Das eigentliche ebensowohl wie das uneigentliche Verstehen *können* wiederum echt oder unecht sein. Das Verstehen ist als Seinkönnen ganz und gar von Möglichkeit durchsetzt. Das Sichverlegen in eine dieser Grundmöglichkeiten des Verstehens legt aber die andere nicht ab. *Weil vielmehr das Verstehen jeweils die volle Erschlossenheit des Daseins als In-der-Welt-sein betrifft, ist das Sichverlegen des Verstehens eine existenziale Modifikation des Entwurfes als ganzen.* Im Verstehen von Welt ist das In-Sein

immer mitverstanden, Verstehen der Existenz als solcher ist immer ein Verstehen von Welt.
Als faktisches Dasein hat es sein Seinkönnen je schon in eine Möglichkeit des Verstehens verlegt.' (S. 146)
Rückblickend lässt sich festhalten:
`Befindlichkeit und Verstehen charakterisieren als Existenzialien die ursprüngliche Erschlossenheit des In-der-Welt-seins. In der Weise der Gestimmtheit `sieht' das Dasein Möglichkeiten, aus denen her es ist. Im entwerfenden Erschließen solcher Möglichkeiten ist es je schon gestimmt. Der Entwurf des eigensten Seinkönnens ist dem Faktum der Geworfenheit in das Da überantwortet.' (S. 148)
Das Existenzial des Verstehens ist nun konkret auszuarbeiten, der Vollzug des Verstehens genauer zu klären.

§ 32: Verstehen und Auslegung (S. 148–153)

Die Auslegung leitet sich her aus dem Verstehen als Existenzial. Hier hat sie ihren Ursprung. Doch sie ist nicht einfach Verstehen, sondern gewissermaßen `explizites` Verstehen.

> `Das Dasein entwirft als Verstehen sein Sein auf Möglichkeiten. Dieses *verstehende Sein zu Möglichkeiten* ist selbst durch den Rückschlag dieser als erschlossener in das Dasein ein Seinkönnen. Das Entwerfen des Verstehens hat die eigene Möglichkeit, sich auszubilden. Die Ausbildung des Verstehens nennen wir *Auslegung*. In ihr eignet sich das Verstehen sein Verstandenes verstehend zu. In der Auslegung wird das Verstehen nicht etwas anderes, sondern es selbst. Auslegung gründet existenzial im Verstehen, und nicht entsteht dieses durch jene. Die Auslegung ist nicht die Kenntnisnahme des Verstandenen, sondern die Ausarbeitung der im Verstehen entworfenen Möglichkeiten.` (S. 148)

Das, was die Auslegung leistet, ist die Bestimmung dessen, was das ist, was das Dasein bereits in gewisser Weise verstanden hat, durch es schon verstanden ist. Dieses erhebt die Auslegung in die Ausdrücklichkeit, indem das, was bereits vorausdrücklich bekannt und mithin in gewisser Weise verstanden ist, durch die Auslegung als etwas expliziert wird, auch wenn diese Explikation des bereits Vorwegverstandenen als etwas nicht aussagengestaltig geschehen muss (s. § 33).

> `Das umsichtig auf sein Um-zu Auseinandergelegte als solches, das *ausdrücklich* Verstandene, hat die Struktur des *Etwas als Etwas*. [...] Das `Als` macht die Struktur der Ausdrücklichkeit eines Verstandenen aus; es konstituiert die Auslegung. Der umsichtig-auslegende Umgang mit dem umweltlich Zuhandenen, der dieses *als* Tisch, Tür, Wagen Brücke `sieht`, braucht das umsichtig Ausgelegte nicht notwendig auch schon in einer bestimmenden *Aussage* auseinander zu legen.` (S. 149)

Heidegger betont, dass bereits das vorprädikative schlichte Sehen des Zuhandenen an ihm selbst verstehend-auslegend ist, d.h. `Als-Struktur` hat – und nicht erst die thematische Aussage:

> `Alles vorprädikative schlichte Sehen des Zuhandenen ist an ihm selbst schon verstehend-auslegend. Aber macht nicht das Fehlen dieses `Als` die Schlichtheit eines puren Wahrnemens von etwas aus? Das Sehen dieser Sicht ist je schon verstehend-auslegend. Es birgt in sich die Ausdrücklichkeit der Verweisungsbezüge (des Um-zu), die zur Bewandtnisganzheit gehören, aus der her das schlicht Begegnende verstanden ist. Die Artikulation des Verstandenen in der auslegenden Näherung des Seienden am Leitfaden des `Etwas als etwas` liegt *vor* der thematischen Aussage darüber. In dieser taucht das `Als` nicht zuerst auf, sondern wird nur erst ausgesprochen, was allein so möglich ist, daß es als Aussprechbares vorliegt.

'Daß im schlichten Hinsehen die Ausdrücklichkeit eines Aussagens fehlen kann, berechtigt nicht dazu, diesem schlichten Sehen jede artikulierende Auslegung, mithin die Als-Struktur abzusprechen. Das schlichte Sehen der nächsten Dinge im Zutunhaben mit... trägt die Auslegungsstruktur so ursprünglich in sich, daß gerade ein gleichsam *als-freies* Erfassen von etwas einer gewissen Umstellung bedarf. Das Nur-noch-vor-sich-Haben von etwas liegt vor im reinen Anstarren *als Nicht-mehr-verstehen.* Dieses alsfreie Erfassen ist eine Privation des *schlicht* ver-stehenden Sehens, nicht ursprünglicher als dieses, sondern abgeleitet aus ihm. Die ontische Unausgesprochenheit des `als' darf nicht dazu verführen, es als apriorische existenziale Verfassung des Verstehens zu übersehen.' (S. 149)

Durch die Auslegung wird die je bereits im Weltverstehen erschlossene Bewandtnis des innerweltlichen Begegnenden 'herausgelegt', artikuliert. Die Auslegung in ihrer spezifischen Erschließungsfunktion `wird nicht gleichsam über das nackte Vorhandene eine 'Bedeutung' und beklebt es nicht mit einem Wert, sondern mit dem innerweltlichen Begegnenden als solchem hat es je schon eine im Weltverstehen erschlossene Bewandtnis, die durch die Auslegung herausgelegt wird (S. 150).

Möglichkeitsbedingung der Auslegung des bereits vorweg Verstandenen als etwas ist die *Vorhabe* (Verständniszueignung).

Die Vorhabe wiederum ist geführt durch die *Vorsicht.* Sie besieht das in der Vorhabe inne Gehabte daraufhin, ob es in spezifischer Weise unter Verwendung einer bestimmten Begrifflichkeit auslegbar ist, was wiederum auf einem *Vorgriff* fußt.

Heidegger erklärt Vorhabe, Vorsicht und Vorgriff sowie deren Verhältnis folgendermaßen:

`Zuhandenes wird immer schon aus der Bewandtnisganzheit her verstanden. Diese braucht nicht durch eine thematische Auslegung explizit erfragt zu sein. Selbst wenn sie durch eine solche Auslegung hindurchgegangen ist, tritt sie wieder in das unabgehobene Verständnis zurück. Und gerade in diesem Modus ist sie wesenhaftes Fundament der alltäglichen, umsichtigen Auslegung. Diese gründet jeweils in einer *Vorhabe*, Sie bewegt sich als Verständniszueignung im verstehenden Sein zu einer schon verstandenen Bewandtnisganzheit. Die Zueignung des Verstandenen, aber noch Eingehüllten vollzieht die Enthüllung immer unter der Führung einer Hinsicht, die das fixiert, im Hinblick worauf das Verstandene ausgelegt werden soll. Die Auslegung gründet jeweils in einer *Vorsicht*, die das in Vorhabe Genommene auf eine bestimmte Auslegbarkeit hin 'anschneidet'. Das in der Vorhabe gehaltene und 'vorsichtig' anvisierte Verstandene wird durch die Auslegung begreiflich. Die Auslegung kann die dem auszulegenden Seienden zugehörige Begrifflichkeit aus diesem selbst schöpfen oder aber in Begriffe zwängen, denen sich das Seiende

gemäß seiner Seinsart widersetzt. Wie immer — die Auslegung hat sich je schon endgültig oder vorbehaltlich für eine bestimmte Begrifflichkeit entschieden; sie gründet in einem *Vorgriff.*
Die Auslegung von Etwas als Etwas wird wesenhaft durch Vorhabe, Vorsicht und Vorgriff fundiert. Auslegung ist nie ein voraussetzungsloses Erfassen eines Vorgegebenen. Wenn sich die besondere Konkretion der Auslegung im Sinne der exakten Textinterpretation gern auf das beruft, was `dasteht´, so ist das, was zunächst `dasteht´, nichts anderes als die selbstverständliche, undiskutierte Vormeinung des Auslegers, die notwendig in jedem Auslegungsansatz liegt als das, was mit Auslegung überhaupt schon `gesetzt´, das heißt in Vorhabe, Vorsicht, Vorgriff vorgegeben ist.´ (S. 150)

In Vorhabe, durch Vorsicht und unter Vorgriff wird das je bereits Bekannte verstehend erschlossen als Artikulierbares – d.h. es erhält Sinn – und dadurch allererst auslegbar.

`Im Entwerfen des Verstehens ist Seiendes in seiner Möglichkeit erschlossen. Der Möglichkeitscharakter entspricht jeweils der Seinsart des verstandenen Seienden. Das innerweltlich Seiende überhaupt ist auf Welt hin entworfen, das heißt auf ein Ganzes von Bedeutsamkeit, in deren Verweisungsbezügen das Besorgen als In-der-Welt-sein sich im vorhinein festgemacht hat. Wenn innerweltliches Seiendes mit dem Sein des Daseins entdeckt, das heißt zu Verständnis gekommen ist, sagen wir, es hat *Sinn.* Verstanden aber ist, streng genommen, nicht der Sinn, sondern das Seiende, bzw. das Sein. Sinn ist das, worin sich Verständlichkeit von etwas hält. Was im verstehenden Erschließen artikulierbar ist, nennen wir Sinn. Der *Begriff des Sinnes* umfaßt das formale Gerüst dessen, was notwendig zu dem gehört, was verstehende Auslegung artikuliert. *Sinn ist das durch Vorhabe, Vorsicht und Vorgriff strukturierte Woraufhin des Entwurfs, aus dem her etwas als etwas verständlich wird.* Sofern Verstehen und Auslegung die existenziale Verfassung des Seins des Da ausmachen, muß Sinn als das formal-existenziale Gerüst der dem Verstehen zugehörigen Erschlossenheit begriffen werden. Sinn ist ein Existenzial des Daseins, nicht eine Eigenschaft, die am Seienden haftet, `hinter´ ihm liegt oder als `Zwischenreich´ irgendwo schwebt. Sinn `hat´ nur das Dasein, sofern die Erschlossenheit des In-der-Welt-seins durch das in ihr entdeckbare Seiende `erfüllbar´ ist. *Nur Dasein kann daher sinnvoll oder sinnlos sein.* Das besagt: sein eigenes Sein und das mit diesem erschlossene Seiende kann im Verständnis zugeeignet sein oder dem Unverständnis versagt bleiben.

Hält man diese grundsätzlich ontologisch-existenziale Interpretation des Begriffes von `Sinn´ fest, dann muß alles Seiende von nichtdaseinsmäßiger Seinsart als *unsinniges,* des Sinnes überhaupt wesenhaft bares begriffen werden. `Unsinnig´ bedeutet hier keine Wertung, sondern gibt einer ontologischen Bestimmung Ausdruck. *Und nur das Unsinnige kann widersinnig sein*. Vorhandenes kann als im Dasein Begegnendes gegen dessen Sein gleichsam anlaufen, zum Beispiel hereinbrechende und zerstörende Naturereignisse. Und wenn wir nach dem Sinn von Sein fragen, dann wird die Untersuchung nicht tiefsinnig und ergrübelt nichts, was hinter dem Sein steht, sondern fragt nach ihm selbst, sofern es in die Verständlichkeit des Daseins hereinsteht. Der Sinn von Sein kann nie in Gegensatz gebracht werden zum Seienden oder zum Sein als tragenden `Grund´ des Seienden, weil `Grund´ nur als Sinn zugänglich wird, und sei er selbst der Abgrund der Sinnlosigkeit.´ (S. 151f.)

Die Betrachtung des Verhältnisses von Verstehen und Auslegung zeigt, dass das Verstehen Zirkelstruktur hat: Das, was je schon verstanden ist, wird in der Auslegung ausgelegt. Diese Zirkelhaftigkeit ist unumgänglich und daher zwangsläufig. Es geht daher nicht etwa darum, diesen Zirkel zu vermeiden, sondern es geht gerade darum, angemessen in ihn hineinzugelangen.

`Das Entscheidende ist nicht, aus dem Zirkel heraus-, sondern in ihn nach der rechten Weise hineinzukommen´ (S. 153)

Hier Heideggers Ausführungen zur Zirkelhaftigkeit jedes Verstehens in ihrem Zusammenhang:

`Das Verstehen betrifft als die Erschlossenheit des Da immer das Ganze des In-der-Welt-seins. In jedem Verstehen von Welt ist Existenz mitverstanden und umgekehrt. Alle Auslegung bewegt sich ferner in der gekennzeichneten Vor-Struktur. Alle Auslegung, die Verständnis beistellen soll, muß schon das Auszulegende verstanden haben. Man hat diese Tatsache immer schon bemerkt, wenn auch nur im Gebiet der abgeleiteten Weisen von Verstehen und Auslegung, in der philologischen Interpretation. Diese gehört in den Umkreis wissenschaftlichen Erkennens. Dergleichen Erkenntnis verlangt die Strenge der begründenden Ausweisung. Wissenschaftlicher Beweis darf nicht schon voraussetzen, was zu begründen seine Aufgabe ist. Wenn aber Auslegung sich je schon im Verstandenen bewegen und aus ihm her sich nähren muß, wie soll sie dann wissenschaftliche Resultate zeitigen, ohne sich in einem Zirkel zu bewegen, zumal wenn das vorausgesetzte Verständnis überdies noch in der gemeinen Menschen- und Weltkenntnis sich bewegt? Der *Zirkel* aber ist nach den elementarsten Regeln der Logik circulus vitiosus. Damit aber bleibt das Geschäft der historischen Auslegung a priori aus dem Bezirk strenger Erkenntnis verbannt. Sofern man dieses Faktum des Zirkels im Verstehen nicht wegbringt, muß sich die Historie mit weniger strengen Erkenntnismöglichkeiten abfinden. Man erlaubt ihr, diesen Mangel durch die `geistige Bedeutung´ ihrer `Gegenstände´ einigermaßen zu ersetzen. Idealer wäre es freilich auch nach der Meinung der Historiker selbst, wenn der Zirkel vermieden werden könnte und Hoffnung bestünde, einmal eine

Historie zu schaffen, die vom Standort des Betrachters so unabhängig wäre wie vermeintlich die Naturerkenntnis.

Aber in diesem Zirkel ein vitiosum sehen und nach Wegen Ausschau halten, ihn zu vermeiden, ja ihn auch nur als unvermeidliche Unvollkommenheit ʾempfindenʿ, heißt das Verstehen von Grund aus mißverstehen. Nicht darum geht es, Verstehen und Auslegung einem bestimmten Erkenntnisideal anzugleichen, das selbst nur eine Abart von Verstehen ist, die sich in die rechtmäßige Aufgabe einer Erfassung des Vorhandenen in seiner wesenhaften Unverständlichkeit verlaufen hat. Die Erfüllung der Grundbedingungen möglichen Auslegens liegt vielmehr darin, dieses nicht zuvor hinsichtlich seiner wesenhaften Vollzugsbedingungen zu verkennen. Das Entscheidende ist nicht, aus dem Zirkel heraus-, sondern in ihn nach der rechten Weise hineinzukommen. Dieser Zirkel des Verstehens ist nicht ein Kreis, in dem sich eine beliebige Erkenntnisart bewegt, sondern er ist der Ausdruck der existenzialen Vor-Struktur des Daseins selbst. Der Zirkel darf nicht zu einem vitiosum und sei es auch nur zu einem geduldeten herabgezogen werden. In ihm verbirgt sich eine positive Möglichkeit ursprünglichsten Erkennens, die freilich in echter Weise nur dann ergriffen ist, wenn die Auslegung verstanden hat, daß ihre erste, ständige und letzte Aufgabe bleibt, sich jeweils Vorhabe, Vorsicht und Vorgriff nicht durch Einfälle und Volksbegriffe vorgeben zu lassen, sondern in deren Ausarbeitung aus den Sachen selbst her das wissenschaftliche Thema zu sichern. Weil Verstehen seinem existenzialen Sinn nach das Seinkönnen des Daseins selbst ist, übersteigen die ontologischen Voraussetzungen historischer Erkenntnis grundsätzlich die Idee der Strenge der exaktesten Wissenschaften. Mathematik ist nicht strenger als Historie, sondern nur enger hinsichtlich des Umkreises der für sie relevanten existenzialen Fundamente.

Der ʾZirkelʿ im Verstehen gehört zur Struktur des Sinnes, welches Phänomen in der existenzialen Verfassung des Daseins, im auslegenden Verstehen verwurzelt ist. Seiendes, dem es als In-der-Welt-sein um sein Sein selbst geht, hat eine ontologische Zirkelstruktur. Man wird jedoch unter Beachtung, daß ʾZirkelʿ ontologisch einer Seinsart von Vorhandenheit (Bestand) zugehört, überhaupt vermeiden müssen, mit diesem Phänomen ontologisch so etwas wie Dasein zu charakterisieren.ʿ (S. 152f.)

§ 33: Aussage als abkünftiger Modus der Auslegung (S. 153–160)

Jegliche Auslegung artikuliert Sinn, doch muss nicht jede Auslegung die Form der Aussage annehmen. Auslegung ist sogar zunächst und zumeist gerade nicht aussagen-gestaltig, hat kein `Aussagenformat' (`Format' hier in der neutralen Bedeutung, nicht als Positivbewertung bzw. Indikation einer zu erstrebenden Zielnorm). Allenfalls ist sie zur Aussage `unterwegs'. Insofern die Auslegung mit ihren Strukturmomenten von Vorhabe, Vorsicht und Vorgriff sinnhaft ist, kommt auch der Aussage bzw. dem Urteil Sinn zu.

> `Alle Auslegung gründet im Verstehen. Das in der Auslegung Gegliederte als solches und im Verstehen überhaupt als Gliederbares Vorgezeichnete ist der Sinn. Sofern die Aussage (das `Urteil') im Verstehen gründet und eine abgeleitete Vollzugsform der Auslegung darstellt, `hat' *auch* sie einen Sinn. Nicht jedoch kann dieser als das definiert werden, was `an' einem Urteil neben der Urteilsfällung vorkommt.' (S. 153f.)

Da die Auslegung im Verstehen gründet, gilt dies auch für das Urteil als abkünftigem Modus der Auslegung. M.a.W.: In jeder Aussage bzw. jedem Urteil drückt sich ein bestimmtes Verstehen aus.

Heidegger gibt drei Gründe an, warum er nun eine ausdrückliche Analyse der Aussage vornimmt:

> `Einmal kann an der Aussage demonstriert werden, in welcher Weise die für Verstehen und Auslegung konstitutive Struktur des `Als' modifikabel ist. Verstehen und Auslegung kommen damit in ein noch schärferes Licht. Sodann hat die Analyse der Aussage innerhalb der fundamentalontologischen Problematik eine ausgezeichnete Stelle, weil in den entscheidenden Anfängen der antiken Ontologie der lógos [Transkription, im Original griechisch; R.M.] als einziger Leitfaden für den Zugang zum eigentlich Seienden und für die Bestimmung des Seins dieses Seienden fungierte. Schließlich gilt die Aussage von alters her als der primäre und eigentliche `Ort' der *Wahrheit*. Dieses Phänomen ist mit dem Seinsproblem so eng verkoppelt, daß die vorliegende Untersuchung in ihrem weiteren Gang notwendig auf das Wahrheitsproblem stößt, sie steht sogar schon, obzwar unausdrücklich, in seiner Dimension. Die Analyse der Aussage soll diese Problematik mit vorbereiten.' (S. 154)

Heidegger gibt dem Titel `Aussage' drei miteinander verbundene Bedeutungen, die, wie er beansprucht, `in ihrer Einheit die volle Struktur der Aussage umgrenzen' (S. 154):

Aussage meint zuvörderst *Aufzeigung* (apóphansis): Sie lässt `Seiendes von ihm selbst her sehen' (S. 154), gleichsam `die Sache selbst'.

Aussage in der Bedeutung von *Prädikation*: Ein ʾPrädikatʾ wird von einem ʾSubjektʾ ausgesagt, wodurch dieses bestimmt wird. Diese Bedeutung fußt auf der ersten.

Aussage in der Bedeutung von *Mitteilung*, Heraussage: Dies bedeutet Mitsehenlassen: Das in seiner Bestimmtheit aufgezeigte Seiende wird mit dem Anderen geteilt. Hierdurch kann das, was als Ausgesagtes mitgeteilt wird ʾvon den Anderen mit dem Aussagenden ʾgeteiltʾ werden, ohne daß sie selbst das aufgezeigte und bestimmte Seiende in greif- und sichtbarer Nähe haben. Das Ausgesagte kann ʾweiter-gesagtʾ werden.ʾ Heidegger hat hier den kommunikativ-pragmatischen Aspekt der Aussage im Blick. Diese Bedeutung von Aussage ist direkt auf die anderen beiden Bedeutungen bezogen.

Die drei Bedeutungen von Aussage werden von Heidegger näher erläutert:

> ʾIm folgenden weisen wir dem Titel Aussage drei Bedeutungen zu, die aus dem damit bezeichneten Phänomen geschöpft sind, unter sich zusammenhängen und in ihrer Einheit die volle Struktur der Aussage umgrenzen.
>
> 1. Aussage bedeutet primär *Aufzeigung*. Wir halten damit den ursprünglichen Sinn von lógos [Transkription, im Original griechisch; R.M.] als apóphansis [Transkription, im Original griechisch; R.M.] fest: Seiendes von ihm selbst her sehen lassen. In der Aussage: ʾDer Hammer ist zu schwerʾ ist das für die Sicht Entdeckte kein ʾSinnʾ, sondern ein Seiendes in der Weise seiner Zuhandenheit. Auch wenn dieses Seiende nicht in greifbarer und ʾsichtbarerʾ Nähe ist, meint die Aufzeigung das Seiende selbst und nicht etwa eine bloße Vorstellung seiner, weder ein ʾbloß Vorgestelltesʾ noch gar einen psychischen Zustand des Aussagenden, sein Vorstellen dieses Seienden.
>
> 2. Aussage besagt soviel wie *Prädikation*. Von einem ʾSubjektʾ wird ein ʾPrädikatʾ ʾausgesagtʾ, jenes wird durch dieses *bestimmt*. Das Ausgesagte in dieser Bedeutung von Aussage ist nicht etwa das Prädikat, sondern ʾder Hammer selbstʾ. Das Aussagende, das heißt Bestimmende dagegen liegt in dem ʾzu schwerʾ. Das Ausgesagte in der zweiten Bedeutung von Aussage, das Bestimmte als solches, hat gegenüber dem Ausgesagten in der ersten Bedeutung dieses Titels gehaltlich eine Verengung erfahren. Jede Prädikation ist, was sie ist, nur als Aufzeigung. Die zweite Bedeutung von Aussage hat ihr Fundament in der ersten. Die Glieder der prädizierenden Artikulation, Subjekt – Prädikat, erwachsen innerhalb der Aufzeigung. Das Bestimmen entdeckt nicht erst, sondern *schränkt* als Modus der Aufzeigung das Sehen zunächst gerade *ein* auf das Sichzeigende – Hammer – als solches, um durch die ausdrückliche *Einschränkung* des Blickes das Offenbare in seiner Bestimmtheit *ausdrücklich* offenbar zu machen. Das Be-

stimmen geht angesichts des schon Offenbaren – des zu schweren Hammers – zunächst einen Schritt zurück; die 'Subjektsetzung' blendet das Seiende ab auf 'der Hammer da', um durch den Vollzug der Entblendung das Offenbare *in* seiner bestimmbaren Bestimmtheit sehen zu lassen. Subjektsetzung, Prädikatsetzung sind in eins mit der Hinzusetzung durch und durch 'apophantisch' im strengen Wortsinne.

3. Aussage bedeutet *Mitteilung,* Heraussage. Als diese hat sie direkten Bezug zur Aussage in der ersten und zweiten Bedeutung. Sie ist Mitsehenlassen des in der Weise des Bestimmens Aufgezeigten. Das Mitsehenlassen teilt das in seiner Bestimmtheit aufgezeigte Seiende mit dem Anderen. 'Geteilt' wird das gemeinsame sehende *Sein zum* Aufgezeigten, welches Sein zu ihm festgehalten werden muß als In-der-Weltsein, in *der* Welt nämlich, aus der her das Aufgezeigte begegnet. Zur Aussage als der so existenzial verstandenen Mit-teilung gehört die Ausgesprochenheit. Das Ausgesagte als Mitgeteiltes kann von den Anderen mit dem Aussagenden 'geteilt' werden, ohne daß sie selbst das aufgezeigte und bestimmte Seiende in greif- und sichtbarer Nähe haben. Das Ausgesagte kann 'weiter-gesagt' werden. Der Umkreis des sehenden Miteinanderteilens erweitert sich. Zugleich aber kann sich dabei im Weitersagen das Aufgezeigte gerade wieder verhüllen, obzwar auch das in solchem Hörensagen erwachsende Wissen und Kennen immer noch das Seiende selbst meint und nicht etwa einen herumgereichten 'geltenden Sinn' 'bejaht'. Auch das Hörensagen ist ein In-der-Welt-sein und Sein zum Gehörten.' (S. 154f.)

Aufgrund des inneren Zusammenhanges der drei Bedeutungen von Aussage lässt sich die Aussage bestimmen als *'mitteilend bestimmende Aufzeigung'* (S. 156).

'Wenn wir die drei analysierten Bedeutungen von 'Aussage' im einheitlichen Blick auf das volle Phänomen zusammennehmen, lautet die Definition: *Aussage ist mitteilend bestimmende Aufzeigung.'* (S. 156)

Es stellt sich nun aber die Frage:

'Mit welchem Recht fassen wir überhaupt die Aussage als Modus von Auslegung?' (S. 156)

Ein abkünftiger Modus der Auslegung ist die Aussage deshalb, weil diese überhaupt nur möglich ist auf der Basis einer vorgängigen Ausgelegtheit von etwas vor dem tragenden Hintergrund einer schon verstandenen Bewandtnisganzheit (Vorhabe) auf der Basis des In-der-Welt-seins des Daseins. Auch die Aussage gründet sich wie die Auslegung auf *Vorhabe, Vorsicht* und *Vorgriff.*

Was für das Welterkennen 'gezeigt wurde, gilt nicht weniger von der Aussage. Sie bedarf einer Vorhabe von überhaupt Erschlossenem, das sie in der Weise des Bestimmens aufzeigt' (S. 156f.).

'Die Aussage hat notwendig wie Auslegung überhaupt die existenzialen Fundamente in Vorhabe, Vorsicht und Vorgriff.' (S. 157) Im Zusammenhang des anschließenden Erweises, dass es sich bei der Aussage um einen abkünftigen Modus der Auslegung handelt, weist Heidegger auf, zu welcher Modifikation an der Auslegung es bei der Aussage gekommen ist, indem er zeigt, wie die Aussage aus der umsichtigen Auslegung entspringt.[5] In diesem Zusammenhang wird von ihm

---

5   Die entsprechenden Ausführungen Heideggers finden sich auf S. 157f.: 'Inwiefern wird sie aber zu einem *abkünftigen* Modus der Auslegung? Was hat sich an ihr modifiziert? Wir können die Modifikation aufzeigen, wenn wir uns an Grenzfälle von Aussagen halten, die in der Logik als Normalfälle und als Exempel der 'einfachsten' Aussagephänomene fungieren. Was die Logik mit dem kategorischen Aussagesatz zum Thema macht, zum Beispiel 'der Hammer ist schwer', das hat sie vor aller Analyse auch immer schon 'logisch' verstanden. Unbesehen ist als 'Sinn' des Satzes schon vorausgesetzt: das Hammerding hat die Eigenschaft der Schwere. In der besorgenden Umsicht gibt es dergleichen Aussagen 'zunächst' nicht. Wohl aber hat sie ihre spezifischen Weisen der Auslegung, die mit Bezug auf das genannte 'theoretische Urteil' lauten können: 'Der Hammer ist zu schwer' oder eher noch: 'zu schwer', 'den anderen Hammer!'. Der ursprüngliche Vollzug der Auslegung liegt nicht in einem theoretischen Aussagesatz, sondern im umsichtig-besorgenden Weglegen bzw. Wechseln des ungeeigneten Werkzeuges, 'ohne dabei ein Wort zu verlieren'. Aus dem Fehlen der Worte darf nicht auf das Fehlen der Auslegung geschlossen werden. Anderseits ist die umsichtig *ausgesprochene* Auslegung nicht notwendig schon eine Aussage im definierten Sinne. *Durch welche existenzial-ontologischen Modifikationen entspringt die Aussage aus der umsichtigen Auslegung?*

Das in der Vorhabe gehaltene Seiende, der Hammer zum Beispiel, ist zunächst zuhanden als Zeug. Wird dieses Seiende 'Gegenstand' einer Aussage, dann vollzieht sich mit dem Aussagesatz im vorhinein ein Umschlag in der Vorhabe. Das *zuhandene Womit* des Zutunhabens, der Verrichtung, wird zum 'Worüber' der aufzeigenden Aussage. Die Vorsicht zielt auf ein Vorhandenes am Zuhandenen. *Durch* die Hin-sicht und *für sie* wird das Zuhandene als Zuhandenes verhüllt. Innerhalb dieses die Zuhandenheit verdeckenden Entdeckens der Vorhandenheit wird das begegnende Vorhandene in seinem So-und-so-vorhandensein bestimmt. Jetzt erst öffnet sich der Zugang zu so etwas wie *Eigenschaften*. Das Was, *als* welches die Aussage das Vorhandene bestimmt, wird *aus* dem Vorhandenen als solchem geschöpft. Die Als-Struktur der Auslegung hat eine Modifikation erfahren. Das 'Als' greift in seiner Funktion der Zueignung des Verstandenen nicht mehr aus in eine Bewandtnisganzheit. Es ist bezüglich seiner Möglichkeiten der Artikulation von Verweisungsbezügen von der Bedeutsamkeit, als welche die Umweltlichkeit konstituiert, abgeschnitten. Das 'Als' wird in die gleichmäßige Ebene des nur Vorhandenen zurückgedrängt. Es sinkt herab zur Struktur des bestimmenden Nur-sehen-lassens von Vorhandenem. Diese Nivellierung des ursprünglichen 'Als' der umsichtigen Auslegung zum Als der Vorhandenheitsbestimmung ist der Vorzug der Aussage. Nur so gewinnt sie die Möglichkeit pudas ʼAussage-Alsʼ als ʼapophantisches (aufzeigendes) Alsʼ unterschieden und abgegrenzt (aber nicht etwa getrennt!) vom ʼhermeneutischen Alsʼ, auf dem (auch) das apophantische ʼAlsʼ gründet. Das hermeneutische ʼAlsʼ ist existenzial zu verstehen. In ihm geht es um eine umsichtig verstehende Auslegung (hermeneía) von etwas als etwas im Zusammenhang seines Bewandtnisgefüges. Das hermeneutische ʼAlsʼ bedarf keiner Aussagen, sondern ist Möglichkeitsbedingung dieser. Es kann – wie die bestimmte Auslegung von etwas im Kontext seiner Bedeutungsverweisungen überhaupt – ʼwortlosʼ sein, etwa wenn etwas Zuhandenes als Zeug gebraucht wird. Heidegger betont:

ʼAus dem Fehlen der Worte darf nicht auf das Fehlen der Auslegung geschlossen werden.ʼ (S. 157)

Hat eine Aussage statt, d.h. erfolgt eine Aussage über etwas, so bedeutet dies eine Einebnung des originären ʼAlsʼ, wie es der umsichtigen Auslegung eigen ist, zum ʼAlsʼ der Bestimmung von Vorhandenem.

Das existenzial-hermeneutische ʼAlsʼ ist in der traditionellen Logik unerkannt bzw. bleibt es durch sie. In der auf Aristoteles nachfolgenden Geschichte der Logik wird der Logos als etwas Bestimmtes verstanden, das als wahre oder falsche Aussagen vorliegt bzw. in wahren oder falschen Urteilen gegeben ist.

Das Phänomen des ʼAlsʼ bleibt ʼverdeckt und vor allem in seinem existenzialen Ursprung aus dem hermeneutischen ʼAlsʼ verhülltʼ, weswegen ʼder phänomenologische Ansatz des *Aristoteles* zur Analyse des lógos [Transkription, im Original griechisch; R.M.] in eine äußerliche ʼUrteilstheorie [zerfällt; R.M]ʼ, wonach Urteilen ein Verbinden bzw. Trennen von Vorstellungen und Begriffen ist.

Verbinden und Trennen lassen sich dann weiter formalisieren zu einem ʼBeziehenʼ. Logistisch wird das Urteil in ein System von ʼZuordnungenʼ aufgelöst, es wird zum Gegenstand eines ʼRechnensʼ, aber nicht zum Thema ontologischer Interpretationʼ (S. 159).

Dadurch, dass die tradierte Logik den Logos von der Vorhandenheit her versteht und verkennt, dass jede wahre Aussage in einer Auslegung gründet, die in einem Seinsmodus der Existenz wurzelt, verdeckt und

---

ren hinsehenden Aufweisens. So kann die Aussage ihre ontologische Herkunft aus der verstehenden Auslegung nicht verleugnen. Das ursprüngliche ʼAlsʼ der umsichtig verstehenden Auslegung (hermêneía [Transkription, im Original griechisch; R.M.]) nennen wir das existenzial-*hermeneutische* ʼAlsʼ im Unterschied vom *apophantischen* ʼAlsʼ der Aussage.

verhüllt sie den Sinn von Sein – nach Heidegger zeigt sich dies deutlich am Phänomen der Kopula und seiner traditionellen Behandlung.⁶ Demgegenüber ist, wie Heidegger es tut, phänomenologisch-daseinsanalytisch aufzuweisen, dass `Aussagen und Seinsverständnis existenziale Seinsmöglichkeiten des Daseins selbst sind [...]' (S. 160). Die ``Logik' des Lógos [ist; R.M.] in der existenzialen Analytik des Daseins verwurzelt' (S. 160). Dies hat der `Nachweis der Abkünftigkeit der Aussage von Auslegung und Verstehen deutlich' (S. 160) gemacht. Zudem ist nun – folgt man Heidegger – offenkundig:

> `Die Erkenntnis der ontologisch unzureichenden Interpretation des lógos [Transkription, im Original griechisch; R.M.] verschärft zugleich die Einsicht in die Nichtursprünglichkeit der methodischen Basis, auf der die antike Ontologie erwachsen ist. Der lógos [Transkription, im Original griechisch; R.M.] wird als Vorhandenes erfahren, als solches interpretiert, imgleichen hat das Seiende, das er aufzeigt, den Sinn von Vorhandenheit. Dieser Sinn von Sein bleibt selbst indifferent unabgehoben gegen andere Seinsmöglichkeiten, so daß sich mit ihm zugleich das Sein im Sinne des formalen Etwas-Seins verschmilzt, ohne daß auch nur eine reine regionale Scheidung beider gewonnen werden konnte.' (S. 160)

---

6   Heidegger zeigt am Phänomen der Kopula, `[w]ie weit diese [i.e.: die grundsätzliche ontologische Problematik; R.M.] in die Interpretation des lógos [Transkription, im Original griechisch; R.M.] und umgekehrt der Begriff des `Urteils' mit einem merkwürdigen Rückschlag in die ontologische Problematik hineinwirkt [...]' (S. 159). Die entsprechenden Ausführungen Heideggers finden sich auf S. 159f.

§ 34: Da-sein und Rede. Die Sprache (S. 160–167)

Das dritte Strukturmoment des In-Seins des Daseins, des `Da´ des Daseins in der Welt, neben Befindlichkeit und Verstehen, ist die Rede. Die Rede ist, wie Befindlichkeit und Verstehen eine existenziale Daseinsbestimmung, ein Existenzial des Daseins. Sie ist `mit Befindlichkeit und Verstehen existenzial gleichursprünglich´ (S. 161).

In der Erschlossenheit des Daseins ist auch die Rede fundiert.

Jedwede Artikulation, selbst wenn sie nicht ausgesprochen wird (vgl. § 32), ist eine Rede. Als solche ist sie das `existenzial-ontologische Fundament der Sprache´ (S. 160). `Die Hinausgesprochenheit der Rede ist die Sprache´ (S. 161).

Rede in der üblichen, engeren Bedeutung ist Mitteilen des Sinnes, der durch die existenzial verstandene Rede artikuliert ist.

Auch Modi wie Schweigen oder Zuhören sind Modi der existenzialen Rede. Unter Hören zeigt sich phänomenologisch Vielfältiges: Zuhören, Horchen, Aufeinander-Hören (Überhören, Sich-Widersetzen, Folgen etc.). Das Dasein ist bei dem, was es hört, `da´, es hört nicht einfach `Geräusche´. Hören setzt Verstehen voraus, ist als Hören stets bereits verstehend.

Mitteilen meint nicht allein die Weitergabe von Information, sondern auch auffordern, warnen, zusagen, absagen etc. Die dichtende Rede ist ein Beispiel der existenzialen Rede. Sie ist `Mitteilung der existenzialen Möglichkeiten der Befindlichkeit´ (S. 162); solche weist sie auf.

Miteinander-reden setzt vorgängig bereits verstehendes Miteinandersein, also Mitsein voraus; dieses wird nicht etwa erst durch jenes gestiftet.

Was in der Erschlossenheit von Welt an Bedeutungen fasslich ist, `kommt zu Worte´, indem es sich in der (existenzial verstandenen) Rede sinnhaft artikuliert; es werdennicht etwa Wörter (artifizielle `Wörterdinge´) erdacht und ihnen beliebige Bedeutungen beigelegt.

Rede und Sprache sind nur über eine Ontologie des Daseins angemessen zu verstehen. Auch in Bezug auf Rede und Sprache müssen `vorhandenheitsontologische´ Missverständnisse und Einstellungen vermieden werden.

B. Alltägliches Sein des Da und Verfallen des Daseins

Mit der Aufweisung von Befindlichkeit, Verstehen und Rede als Existenziale des Daseins ist die Frage nach der existenzialen Verfasstheit des Daseins grundsätzlich beantwortet. Aufgewiesen wurde, wie das Dasein eigentlich es selbst ist. Doch der Existenzialanalyse geht es gerade um das Dasein in seiner Alltäglichkeit, nämlich darum, wie das Dasein als alltägliches zunächst und zumeist ist, nämlich uneigentlich. Daher müssen nun die Verfallsformen des Daseins *Gerede* (als Verfallsform der Rede: § 35), *Neugier* (als Verfallsform des Verstehens: § 36) und *Zweideutigkeit* (§ 37) sowie deren *Strukturzusammenhang* (Verfallen: § 38) aufgewiesen und näher untersucht werden. Hierdurch soll deutlich werden, wie das Dasein in seiner Alltäglichkeit `da´ ist als Man.

§ 35: Gerede (S. 167–170)

Im *Gerede* ist das Dasein einer eigentlichen Beziehung zum Worüber der Rede verlustig gegangen. Gerede ist leeres Sagen und Weitergesagtwerden, es bedarf – wie das Geschreibe – keines eigenen Verstehens.

> `Das Gerede ist die Möglichkeit, alles zu verstehen ohne vorgängige Zueignung der Sache.´ *(S. 169)*

Insofern bleibt dem Gerede nichts `unverstanden´.

Die Sinnartikulation in der Rede ist im Gerede zur Selbstverständlichkeit des Geredeten verfallen.

> `Die Sache ist so, weil man es sagt´ (S. 168)

Das Gerede gründet nicht (mehr) in einem ursprünglichen Erschließen von etwas, ist mithin bodenlos. Aus *Er*schließen ist *Ver*schließen geworden.

§ 36: Neugier (S. 170–173)

Als Man ʼdaʼ ist das alltägliche Dasein auch in der *Neugier*. Sie ist in ihrer Weise des ʼvernehmenden Begegnenlassen[s]ʼ (S. 170) die Verfallsform des Verstehens. Für die Neugier eigentümlich sind die Aufenthaltslosigkeit – sie ist als Unverweilen in der Welt ʼüberall und nirgendsʼ (S. 173) – und die Jagd nach immer Neuem, da ursprüngliches Verstehen, Aneignung und Vertiefung in die Sache verschlossen sind. Wie dem Gerede nichts unverstanden bleibt, so kann der Neugierde nichts verschlossen bleiben. Die Neugier ist der Versuch des Daseins, sich der Last seines In-der-Welt-seins zu entledigen mittels Zerstreuung etc. Gerede und Neugier hängen miteinander zusammen, indem das verfallene Dasein sich durch das Gerede für seine Neugier vorgeben lässt, ʼwas man gelesen und gesehen haben mußʼ (S. 173) und die Neugier ʼMaterialʼ für das Gerede zuliefert.

§ 37: Zweideutigkeit (S. 173–175)

Durch Gerede und Neugier wird alles Erschlossene und Artikulierte *zweideutig*. Es kommt als echtes Verstehen `daher´, jedoch ohne es zu sein. Andererseits erscheint ursprüngliches Verstehen nicht als solches. Der jeweilige Ausdruck eigentlichen oder uneigentlichen Daseins ist nicht mehr als solcher erkennbar. Die Zweideutigkeit entbehrt eines Kriteriums für die Unterscheidung von Echtem und Unechtem. Dies zeigt sich vor allem im Mitsein mit Anderen als `gespanntes, zweideutiges Aufeinander-aufpassen´ (S. 175), das durch das Zusammenwirken von Gerede und Neugier entsteht. Was echt und was hingegen unecht ist, ist für das Man als das `Da´ des alltäglichen Daseins nicht mehr erkennbar. Hierin zeigt sich die Verfallenheit als die für das Dasein in seiner Alltäglichkeit typische Seinsweise.

§ 38: Verfallen und Geworfenheit (S. 175–180)

Die Gemeinsamkeit von Gerede, Neugier und Zweideutigkeit ist das *Verfallen*. Verfallen bezeichnet die Seinsweise des alltäglichen Daseins. Für diese ist kennzeichnend, dass das Dasein zunächst und zumeist der Uneigentlichkeit und dem Man anheimgefallen, ihr verfallen ist. Das Verfallen des alltäglichen Daseins ist Ausdruck der Geworfenheit bzw. der Faktizität des Daseins. Geworfenheit meint kein abgeschlossenes Faktum. Solange das Dasein als Dasein ist, ist es in die Welt *geworfenes* Dasein. Als Dasein, das stets 'im Wurf' bleibt, ist es immerfort gefährdet, sich selbst zu verlieren, und ständig der Uneigentlichkeit des Man ausgesetzt.

Sechstes Kapitel
Sorge als Sein des Daseins

§ 39: Frage nach der ursprünglichen Ganzheit des Strukturganzen des Daseins (S. 180–184)

Es stellt sich die Frage nach der Einheit der analysierten Strukturmomente des Daseins als Strukturganzheit. Weil über das Verfallen das Ganze des Daseins zugänglich wird, kann die phänomenologische Aufweisung sich zur phänomenalen Aufweisung der Ganzheit des Daseins am Phänomen der Verfallenheit des alltäglichen Daseins an seine Welt orientieren. Im Verfallen ist das Dasein `nicht es selbst', sondern ist als Man gleichsam `außer sich'. Dies birgt die Möglichkeit des Daseins zur Erfahrung seiner selbst als Ganzheit. Die ursprüngliche Ganzheit des Daseins wird dem Dasein zugänglich und erschlossen über die *Grundbefindlichkeit der Angst* (§ 40). Formal zeigt sich *die Sorge* als die ganzheitliche Struktur des Daseins (§ 41).

§ 40: Grundbefindlichkeit der Angst als ausgezeichnete Erschlossenheit des Daseins (S. 184–191)

Durch die *Grundbefindlichkeit der Angst* wird dem Dasein sein Dasein in besonderer Weise zugänglich und erschlossen, da es in ihr – anders als in der Furcht (s. *§ 30*) – um das *ganze* Dasein, um das Ganze des Daseins geht. Da es in der Angst 'um das Ganze', nämlich um das In-der-Weltsein als solches und um das Dasein als Ganzes geht, ist sie nicht bestimmbar als Angst vor etwas bestimmtem Innerweltlichem. Die Angst ist unbestimmt. Eben dies, dass dem Dasein in der Angst ein Gegenüber, das es ängstet, fehlt, ist der Grund dafür, dass das Dasein durch die Angst zurückgeworfen wird auf sich selbst, es sich für sich selbst als ein Ganzes erschlossen wird. Die Angst wirkt so als principium individuationis: Das Dasein wird un-ge-teilt vor sich selbst gebracht.

In der Angst wird das Dasein 'vor es selbst' gebracht, indem es durch sie zurückgeholt wird aus dem Verfallen an Welt und Öffentlichkeit und befreit wird aus der Diktatur des Man. In ihr 'ist einem 'unheimlich' (S. 188). In Gänze entschwindet die Weltlichkeit, versinken Um- und Mitwelt, die zuvor noch so vertraut erschienen, in völlige Bedeutungslosigkeit. Dem Dasein wird so seine Vereinzelung enthüllt in all ihrer Unheimlichkeit. Un-heim-lichkeit meint, dass das *Wovor* der Angst des Daseins zugleich das *Worum* seiner Angst ist: Das Dasein ängstet sich, recht verstanden, vor dem Sein in der Welt und, ineins damit, um eben dieses sein In-der-Welt-sein.

'[D]as Wovor der Angst ist das geworfene In-der-Welt-sein; das Worum der Angst ist das In-der-Welt-sein-können' (in § 41: S. 191)

Das Dasein hat Angst vor der Welt, recht verstanden also vor sich selbst als Unbestimmtheit, und um seine Möglichkeiten in der Welt.

Un-heim-lich bringt die Angst das Dasein vor sich selbst in seiner Vereinzelung. Das Dasein versucht dem Un-zuhause, das ihm in der Angst offensichtlich wird, im Alltag durch geschäftiges Treiben zu entfliehen. Hierdurch soll die Angst mit ihrem Offenbarmachen des 'Dass es (i.e. das Dasein) ist und zu sein hat', durch die Flucht zu Innerweltlichem, zum Vertrauten und Nächsten verdeckt werden. Doch das Dasein entkommt der Angst nicht, da '*das Wovor der Angst* [...] *die Welt als solche*' (S. 187) ist – und diese ja existenziales Strukturmoment des Daseins selbst.

Die Angst 'folgt' dem Dasein, sie setzt ihm nach in alle Weisen des Besorgens hinein. Hierin u.a. drückt sich aus, dass die Unheimlichkeit das Ursprüngliche ist, nicht etwa die Vertrautheit mit Welt (das 'beruhigt-vertraute In-der-Welt-sein' (S. 189)), die ab und an zerrissen und durchbrochen würde. Die Vertrautheit ist vielmehr ein abkünftiger Modus der Unheimlichkeit. Hierdurch bestimmt sich auch das Verhältnis der Furcht zur Angst. Die Furcht ist als ʾan die ʾWeltʾ verfallene, uneigentliche und ihr selbst als solche verborgene Angstʾ (S. 189) ein spezifischer Modus der Angst. Die Ursprünglichkeit der Angst als Grundbefindlichkeit macht Furcht erst möglich. Furcht ist gewissermaßen ʾeine Maskerade der Angstʾ.

Darin, dass die Unheimlichkeit das Ursprüngliche ist, ist begründet, dass die Angst das Dasein dem Man entreißt und es vor die Freiheit für sein eigentliches Selbstsein als Möglichsein bringt. Sie ʾholt das Dasein aus seinem Verfallen zurück und macht ihm Eigentlichkeit und Uneigentlichkeit als Möglichkeiten seines Seins offenbarʾ (S. 191).

> ʾDas Freisein *für* das eigenste Seinkönnen und damit für die Möglichkeit von Eigentlichkeit und Uneigentlichkeit zeigt sich [...] in der Angstʾ (in § 41: S. 191)

Durch die Angst wird dem Dasein ʾdas Dasein *als Möglichsein*ʾ (S. 188) erschlossen, d.h. seine ursprüngliche Freiheit, sich selbst ergreifen zu können, statt sich dieser durch Flucht in die Welt zu entziehen. Doch für gewöhnlich scheitert das Dasein, dem über die Angst sein In-der-Welt-sein selbst und es selbst für sich als solches er-schlossen ist, an dieser Herausforderung.

§ 41: Sein des Daseins als Sorge (S. 191–196)

Im Phänomen der Angst und in dem, was in ihr erschlossen ist, eröffnet sich phänomenal das Ganze des Daseins als Strukturzusammenhang von Existenzialität, Faktizität und Verfallensein im Sinne der gesuchten Ganzheit der Existenzialstruktur.

Die Einheit der existenzialen Strukturmomente des Daseins kann als *Sorge* gefasst werden. Dies ist grundsätzlich in der früher exponierten Formalbestimmung des Daseins als desjenigen Seienden, dem es in seinem Sein um dieses Sein selbst geht (vgl. e.g. S. 191), bereits impliziert, doch noch nicht, wie es nunmehr geleistet wurde, aufgefaltet in *Existenzialität,* in *Faktizität* und in *Verfallensein.*

Die Sorge ist ʽSich-vorweg-schon-sein-in-(der-Welt-) als Sein-bei (innerweltlich begegnendem Seienden)ʼ: Das Dasein ist unter dem Einheitsaspekt der Sorgestruktur als geworfenes ʽSchon-seinʼ in der Welt, als an diese verfallenes ʽSein-beiʼ der Welt, als Sein zum eigensten Seinkönnen, das zugleich existenziales Strukturmoment seines Seins ist, entwerfendes ʽSich-vorweg-seinʼ, nämlich ʽihm selbst in seinem Sein je schon *vorweg*ʼ (S. 191).

> ʽDie formal existenziale Ganzheit des ontologischen Strukturganzen des Daseins muß […] in folgender Struktur gefaßt werden: Das Sein des Daseins besagt: Sich-vorweg-schon-sein-in-(der-Welt-) als Sein-bei (innerweltlich begegnendem Seienden). Dieses Sein erfüllt die Bedeutung des Titels *Sorge,* der rein ontologisch-existenzial gebraucht wird. Ausgeschlossen bleibt aus der Bedeutung jede ontisch gemeinte Seinstendenz wie Besorgnis, bzw. Sorglosigkeit.ʼ (S. 192)[7]

> ʽDie Sorge charakterisiert nicht etwa nur Existenzialität, abgelöst von Faktizität und Verfallen, sondern umgreift die Einheit dieser Seinsbestimmungen. Sorge meint daher auch nicht primär und ausschließlich ein isoliertes Verhalten des Ich zu ihm selbst. […]
>
> Sorge kann nicht ein besonderes Verhalten zum Selbst meinen, weil dieses ontologisch schon durch das Sich-vorweg-sein charakterisiert ist; in dieser Bestimmung sind aber auch die beiden anderen strukturalen Momente der Sorge, das Schon-sein-in… und das Sein-bei… *mitgesetzt.*ʼ (S. 193)

Das ʽSich-vorweg-seinʼ ist nicht misszuverstehen: Auch in der Uneigentlichkeit ist das Dasein sich vorweg.

---

[7] In der Sorgestruktur als existenzialer Bestimmung des Daseins sind schon die drei Zeitaspekte erkennbar: Im Sich-vorweg-sein zeichnet sich ab die Zukunft, im Sein-bei als Verfallen die Gegenwart und im Schon-sein als Geworfenheit die Vergangenheit.

'Dasein ist immer schon `über sich hinaus', nicht als Verhalten zu einem Seienden, das es *nicht* ist, sondern als Sein zum Seinkönnen, das es selbst ist. Diese Seinsstruktur des wesenhaften `es geht um...' fassen wir als das *Sich-vorweg-sein* des Daseins.' (S. 192)

`Im Sich-vorweg-sein als Sein zum eigensten Seinkönnen liegt die existenzial-ontologische Bedingung der Möglichkeit des *Freiseins für* eigentliche existenzielle Möglichkeiten. Das Seinkönnen ist es, worumwillen das Dasein je ist, wie es faktisch ist. Sofern nun aber dieses Sein zum Seinkönnen selbst durch die Freiheit bestimmt wird, *kann* sich das Dasein zu seinen Möglichkeiten auch *unwillentlich* verhalten, es *kann* uneigentlich sein und ist faktisch zunächst und zumeist in dieser Weise. Das eigentliche Worumwillen bleibt unergriffen, der Entwurf des Seinkönnens seiner selbst ist der Verfügung des Man überlassen. Im Sich-vorweg-sein meint daher das `Sich' jeweils das Selbst im Sinne des Man-selbst. Auch in der Uneigentlichkeit bleibt das Dasein wesenhaft Sich-vorweg, ebenso wie das verfallende Fliehen des Daseins vor ihm selbst noch *die* Seinsverfassung zeigt, daß es diesem Seienden *um sein Sein* geht.' (S. 193)

Das `Phänomen der Sorge in seiner wesenhaft unzerreißbaren Ganzheit' (S. 193) ist irreduzibel, es kann nicht auf anderes zurückgeführt oder aus anderem zusammengebaut werden, etwa `auf besondere Akte oder Triebe wie Wollen und Wünschen oder Drang und Hang [...]' (S. 193f.). Die Phänomene Wollen, Wünschen, Hang und Drang gründen vielmehr existenzial in der Sorge.

Zudem ist das Sorgephänomen des Daseins als existenzial-ontologisches Grundphänomen trotz seiner ontologisch elementaren Ganzheit nicht einfach, sondern eine in sich gegliederte Vielheit. Daher kann `[d]ie ontologisch elementare Ganzheit der Sorgestruktur [...] nicht auf ein ontisches `Urelement' zurückgeführt werden [....]' (S. 196). Dies hat das Sorgephänomen gemeinsam mit dem Sein, das ebenfalls nicht einfach ist, weswegen `gewiß das Sein nicht aus Seiendem `erklärt' werden kann' (S. 196).

`Am Ende wird sich zeigen, daß die Idee von Sein überhaupt ebensowenig `einfach' ist wie das Sein des Daseins'.' (S. 196)

§ 42: Bewährung der existenzialen Interpretation des Daseins als Sorge aus der vorontologischen Selbstauslegung des Daseins (S. 196–200)

Heidegger will hier zeigen, `daß das ontologisch `Neue' dieser Interpretation [des Daseins als Sorge; R.M.] ontisch recht alt ist' (in § 41: S. 196).

Heidegger geht an dieser Stelle vor allem auf die Cura-Fabel des Hyginus ein (cura, lat.: Sorge), die er eindrucksvoll in seinem Sinne interpretiert. Hierdurch soll erwiesen werden, dass bereits im noch mythenverhafteten Denken als Grundstruktur des Daseins (bzw. dort: des Menschen) die Sorge angesehen wurde.

§ 43: Dasein, Weltlichkeit und Realität (S. 200-212)

Erklären Sie, inwiefern ›Realität‹ in der Weltlichkeit des Daseins, mithin im Sein des Daseins selbst begründet ist!

Inwiefern ist die Rede von ›Realität‹ Ausdruck dessen, dass das Weltphänomen ontologisch übersprungen wurde?

In welche Teilfragen bzw. -probleme gliedert Heidegger das ›Realitätsproblem‹ der neuzeitlichen Philosophie auf und wie beantwortet er diese Fragen?

Erläutern Sie den Zusammenhang von ›Realität‹ und Sorgestruktur des Daseins!

Geben Sie zusammenfassend wieder, wie die Frage nach der Realität der ›Außenwelt‹ nach Heidegger entsteht und wie er sich zu dieser Frage positioniert.

§ 44: Dasein, Erschlossenheit und Wahrheit (S. 212–230)

Erörtern Sie, ob es sinnvoll ist, dass Heidegger sich dem Zusammenhang von Wahrheit und Dasein gerade an dieser Stelle von *Sein und Zeit* zuwendet! Berücksichtigen Sie hierbei auch, dass § 44 den Abschluss des ersten Abschnittes von *Sein und Zeit* darstellt.

Skizzieren Sie den Zusammenhang von 'Wahrheit' und 'Sein' im abendländischen Denken! Gehen Sie hierbei besonders auf Auffassungsveränderungen ein!

Fassen Sie zusammen, was Heidegger unter dem 'traditionellen Wahrheitsbegriff' versteht und was er als dessen ontologische Fundamente aufzeigt! Worin liegt die Problematik dieses Wahrheitsbegriffes?

Begründen Sie, warum Aussagen 'apophantisch' sind!

Zeigen Sie den Zusammenhang von (korrespondenztheoretischer) 'Aussagenwahrheit' und ursprünglicher Wahrheit auf!

Legen Sie Heideggers ursprünglichen Wahrheitsbegriff dar und skizzieren Sie, wie Heidegger ihn im Dasein fundiert!

Untersuchen Sie, warum Heidegger behauptet, dass nicht der Ort der Wahrheit das Urteil sei, sondern umgekehrt der Ort des Urteils die Wahrheit!

Skizzieren Sie den Zusammenhang von Wahrheit und Dasein!

Zweiter Abschnitt
Dasein und Zeitlichkeit

§ 45: Ergebnis der vorbereitenden Fundamentalanalyse des Daseins und Aufgabe einer ursprünglichen existenzialen Interpretation dieses Seienden (S. 231–235)

Rekapitulieren Sie, was Heidegger als Resultate des ersten Abschnittes von *Sein und Zeit* herausstellt!

Geben Sie in eigenen Worten wieder, wie Heidegger die Aufgabe des zweiten Abschnittes bestimmt!

Erklären Sie, was Heidegger unter einer 'ursprünglichen existenzialen Interpretation' des Daseins versteht! Was meint Heidegger mit 'ursprünglich', worauf zielt er mit 'Interpretation'? Warum ist das bisher durch ihn Geleistete demnach noch keine 'ursprüngliche existenziale Interpretation', warum insbesondere nicht die Aufweisung der Sorge als die die Momente Existenzialität, Faktizität und Verfallenheit umfassende Grundstruktur des Daseins?

Weisen Sie auf, warum nun von 'Zeitlichkeit' die Rede ist! Wie hängen Sorge und Zeitlichkeit zusammen?

Erklären Sie die systematische Bedeutung der perspektivierten phänomenologischen Untersuchung des Daseins als 'Sein zum Tode'! Warum ist diese Untersuchung sehr wichtig?

Was wird nach Heidegger durch das Gewissensphänomen bezeugt? Überlegen Sie, inwiefern Ihnen dies plausibel erscheint! Warum ist die Untersuchung und Interpretation des Gewissensphänomens von grundlegender Bedeutung für das dritte Kapitel des zweiten Abschnittes von *Sein und Zeit*? Begründen Sie dies!

Was will Heidegger im dritten Kapitel des zweiten Abschnittes leisten? Was wird, laut Heidegger, dessen Resultat sein?

Inwiefern hängen das dritte und das vierte Kapitel zusammen? Inwiefern setzt das letztere das vorangehende voraus? Was wird aufgrund des Ergebnisses des Vorgängerkapitels im vierten geleistet? Inwiefern werden hier die Resultate des ersten Abschnittes von *Sein und Zeit* aufgegriffen und 'weiterbearbeitet'? Erläutern Sie dies!

Was wird im fünften Kapitel als die eigentliche Zeitlichkeit des Daseins aufgezeigt? Stellen Sie dies dar!

Was wird im sechsten Kapitel, das den zweiten Abschnitt von *Sein und Zeit* abschließt, aufgewiesen? Analysieren Sie!

Referieren Sie Heideggers Überblick über den nun beginnenden zweiten Abschnitt von *Sein und Zeit*!

Erstes Kapitel
Mögliches Ganzsein des Daseins und Sein zum Tode

§ 46: Scheinbare Unmöglichkeit einer ontologischen Erfassung und Bestimmung des daseinsmäßigen Ganzseins (S. 235–237)

Erläutern Sie das hier von Heidegger exponierte Problem! Warum muss dieses Problem 'gelöst' werden, damit Heideggers *Sein-und-Zeit*'-Projekt' nicht scheitert? Begründen Sie!

Erklären Sie den Zusammenhang von Sich-vorweg-sein des Daseins und daseinsmäßigem Ganzsein!

§ 47: Erfahrbarkeit des Todes der Anderen und Erfassungsmöglichkeit eines ganzen Daseins (S. 237–241)

Begründen Sie, warum der Tod der Anderen für eine ontologische Analyse der Daseinsabgeschlossenheit nicht geeignet ist.

Welchen besonderen daseinsanalytisch-fundamentalontologischen Sinn hat für Heidegger die Aussage: `Keiner kann dem Anderen sein Sterben abnehmen' (S. 240)? Erläutern Sie!

§ 48: Ausstand, Ende und Ganzheit des Daseins (S. 241–246)

Erläutern Sie die Bedeutungen der Begriffe `Ausstand´, `Ende´ und `Ganzheit´ (des Daseins) und erklären Sie, in welcher Beziehung sie zueinander stehen!

Warum geht Heidegger in diesem Paragraphen auf Ausstand, Ende und Ganzheit ein? Begründen Sie!

Was unterscheidet den `Ausstand´ einer Geldsumme vom Ausstand des Daseins? Charakterisieren Sie!

Warum können die von Heidegger gewählten Beispiele für `Enden´ den Tod als das `Ende´ des Daseins nicht begreiflich machen? Setzen Sie unterscheidend in Beziehung!

Erklären Sie den Satz:

> `Das mit dem Tod gemeinte Enden bedeutet kein Zu-Ende-sein des Daseins, sondern ein *Sein zum Ende* dieses Seienden.´ (S. 245)

Fassen Sie zusammen: Warum kann das Phänomen des Todes nicht als Ausstand oder Vollendung verstanden werden? Warum muss es aus der Existenzialverfassung des Daseins selbst begriffen werden?

§ 49: Abgrenzung der existenzialen Analyse gegenüber möglichen anderen Interpretationen des Phänomens (S. 246–249)

Welche anderen Interpretationen des Todesphänomens sind möglich und wie grenzt Heidegger die Existenzialanalyse von ihnen ab? Setzen Sie in Beziehung und beachten Sie die Differenzen!

Warum sind die anderen möglichen Interpretationen dem Todesphänomen in existenzialanalytisch-fundamentalontologischer Perspektive nicht angemessen? Grenzen Sie erläuternd ab!

Warum ist die Frage nach einem Leben nach dem Tod aus fundamentalontologisch-existenzialanalytischer Perspektive unangebracht und hintanzustellen? Stellen Sie die wesentlichen Gründe heraus!

§ 50: Vorzeichnung der existenzial-ontologischen Struktur des Todes (S. 249–252)

Erklären Sie die Aussagen:
'Das Zu-Ende-sein besagt existenzial: Sein zum Ende. Das äußerste Noch-Nicht hat den Charakter von etwas, wozu das Dasein sich verhält. Der Tod ist kein noch nicht Vorhandenes, nicht der auf ein Minimum reduzierte letzte Anstand, sondern eher ein *Bevorstand.*' (S. 250) 'Mit dem Tod steht sich das Dasein selbst in seinem *eigensten* Seinkönnen bevor.' (S. 250)
Arbeiten Sie heraus, wie Heidegger den Tod mit den drei Momenten der Sorge (Existenzialität, Faktizität, Verfallenheit bzw. Sich-vorweg-sein, Schon-sein-in, Sein-bei) und der Grundstruktur der Sorge insgesamt existenzanalytisch verknüpft!
Warum ist der Tod, daseinsanalytisch betrachtet, der (herausragende) Bevorstand? Was unterscheidet ihn von anderen 'Bevorständen'? Begründen Sie und setzen Sie in Relation!
Warum gilt in daseinsanalytischer Perspektive die Aussage: 'Ohne Tod kein Dasein!'? Begründen Sie!
Wodurch wird dem Dasein die Faktizität seines Todes enthüllt? Warum gerade hierdurch? Erklären Sie!
Inwiefern ist das Dasein gerade auch als Sein-zum-Ende verfallenes Dasein? Erläutern Sie dies!
Ziehen Sie die Verbindung zwischen Sorge und der Endlichkeit des Daseins! Nehmen Sie Stellung: Stimmen Sie Heidegger hier zu?

§ 51: Sein zum Tode und Alltäglichkeit des Daseins (S. 252-255)

Arbeiten Sie heraus: Warum kann der Tod in daseinsanalytischer Betrachtung jedenfalls auch in der Alltäglichkeit des Daseins aufgezeigt werden?

Charakterisieren Sie, wie sich das Dasein in seiner Alltäglichkeit zum Tod 'positioniert' bzw. verhält!

Beschreiben Sie: Was ist bzw. wäre für Heidegger *Mut zur Angst vor dem Tode* (S. 254)?

Ermitteln Sie: Warum hat das alltägliche Dasein Furcht vor dem Tod, nicht aber Angst? Welche Auffassung des Todes drückt sich hierin aus? Wie ist dies daseinsanalytisch einzuschätzen?

§ 52: Alltägliches Sein zum Ende und voller existenzialer Begriff des Todes (S. 255–260)

Skizzieren Sie die Zweideutigkeit der Todesgewissheit in der Alltäglichkeit!

Erklären Sie den Zusammenhang von Gewissheit(en) und Gewiß-sein als einer ausgezeichneten Daseinsgewißheit!

Erläutern Sie den Satz:

`Das alltägliche Dasein verdeckt zumeist die eigenste, unbezügliche und unüberholbare Möglichkeit seines Seins.´ (S. 256)

Legen Sie den Unterschied dar zwischen der (alltäglichen) Todesgewissheit des Daseins und dem Gewiß-sein des Todes!

Führen Sie aus, wie das Dasein in seiner Alltäglichkeit mit der Unbestimmtheit des Todes umgeht!

Heidegger bestimmt den vollen existenzial-ontologischen Begriff des Todes folgendermaßen:

`Der Tod als Ende des Daseins ist die eigenste, unbezügliche, gewisse und als solche unbestimmte, unüberholbare Möglichkeit des Daseins. Der Tod ist als Ende des Daseins im Sein dieses Seienden zu seinem Ende.´ (S. 258f.)

Erklären Sie diese Bestimmung!

Erläutern Sie, was Heidegger meint, wenn er sagt:

`Das Sein zum Tode gründet in der Sorge. [....] Seiend zu seinem Tode stirbt es [das Dasein; R.M.] faktisch und zwar ständig, solange es nicht zu seinem Ableben gekommen ist. Das Dasein stirbt faktisch, sagt zugleich, es hat sich in seinem Sein zum Tode immer schon so oder so entschieden.´ (S. 259)

Was hat Heidegger im Sinn, wenn er im Zusammenhang dieser Ausführungen schreibt:

`Weil das Dasein existiert, bestimmt es sich als Seiendes, wie es ist, je aus einer Möglichkeit, die es *ist* und versteht´ (S. 259)?

Welche Möglichkeit eines anderen Verstehens des Daseins seines Seins zum Ende deutet Heidegger an?

§ 53: Existenzialer Entwurf eines eigentlichen Seins zum Tode (S. 260–267)

Inwiefern ist `das Sein zum Tode [...] ein Sein *zu einer Möglichkeit* und zwar zu einer ausgezeichneten Möglichkeit des Daseins selbst [...]´ (S. 261)? Ermitteln Sie!

Erläutern Sie, was Heidegger für das Feld des Zuhandenen und Vorhandenen behauptet:

> `Das besorgende Aus-sein auf ein Mögliches hat die Tendenz, die *Möglichkeit* des Möglichen durch Verfügbarmachen zu *vernichten.*´ (S. 261)

Warum kann `[d]as fragliche Sein zum Tode [...] offenbar nicht den Charakter des besorgenden Aus-seins auf seine Verwirklichung haben´ (S. 261)? Begründen Sie!

Erklären Sie die folgende Ausführung Heideggers:

> `Im Sein zum Tode [...], wenn anders es die [...] Möglichkeit als *solche* verstehend zu erschließen hat, muß die Möglichkeit ungeschwächt *als Möglichkeit* verstanden, *als Möglichkeit* ausgebildet und im Verhalten zu ihr *als Möglichkeit ausgehalten* werden´ (S. 261)!

Geben Sie die folgende, längere Passage in eigenen Worten wieder und erläutern Sie deren Sinn:

> `Das Sein zur Möglichkeit als Sein zum Tode soll aber zu *ihm* sich so verhalten, daß er sich in diesem Sein und für es *als Möglichkeit* enthüllt. Solches Sein zur Möglichkeit fassen wir terminologisch als *Vorlaufen in die Möglichkeit.* Birgt diese Verhaltung aber nicht eine Näherung an das Mögliche in sich, und taucht mit der Nähe des Möglichen nicht seine Verwirklichung auf? Diese Näherung tendiert jedoch nicht auf ein besorgendes Verfügbarmachen eines Wirklichen, sondern im verstehenden Näherkommen wird die Möglichkeit des Möglichen nur `größer´. *Die nächste Nähe des Seins zum Tode als Möglichkeit ist einem Wirklichen so fern als möglich.* Je unverhüllter diese Möglichkeit verstanden wird, um so reiner dringt das Verstehen vor in die Möglichkeit *als die der Unmöglichkeit der Existenz überhaupt.* Der Tod als Möglichkeit gibt dem Dasein nichts zu `Verwirklichendes´ und nichts, was es als Wirkliches selbst *sein* könnte. Er ist die Möglichkeit der Unmöglichkeit jeglichen Verhaltens zu.., jedes Existierens. Im Vorlaufen in diese Möglichkeit wird sie `immer größer´, das heißt sie enthüllt sich als solche, die überhaupt kein Maß, kein mehr oder minder kennt, sondern die Möglichkeit der maßlosen Unmöglichkeit der Existenz bedeutet. Ihrem Wesen nach bietet diese Möglichkeit keinen Anhalt, um auf etwas gespannt zu sein, das mögliche Wirkliche sich `auszumalen´ und darob die Möglichkeit zu vergessen. Das Sein zum Tode als Vorlaufen in die Möglichkeit *ermöglicht* allererst diese Möglichkeit und macht sie als solche frei.

Das Sein zum Tode ist Vorlaufen in ein Seinkönnen *des* Seienden, dessen Seinsart das Vorlaufen selbst ist. Im vorlaufenden Enthüllen dieses Seinkönnens erschließt sich das Dasein ihm selbst hinsichtlich seiner äußersten Möglichkeit. Auf eigenstes Seinkönnen sich entwerfen aber besagt: sich selbst verstehen können im Sein des so enthüllten Seienden: existieren. Das Vorlaufen erweist sich als Möglichkeit des Verstehens des *eigensten* äußersten Seinkönnens, das heißt als Möglichkeit *eigentlicher Existenz*' (S. 262f.)!

Rekapitulieren Sie die Charaktere des vorlaufenden Erschließens (des Todes) (vgl. auch § 52) und charakterisieren Sie diese! Was wird durch sie sichtbar und was wird durch sie in Bezug auf das vorlaufende Erschließen möglich? Was bedeuten sie für das Dasein?

Erläutern Sie den Satz:

'Dasein kann nur dann *eigentlich es selbst* sein, wenn es sich von ihm selbst her dazu ermöglicht.' (S. 263)

Erklären Sie:

'Das vorlaufende Freiwerden *für* den eigenen Tod befreit von der Verlorenheit in die zufällig sich andrängenden Möglichkeiten, so zwar, daß es die faktischen Möglichkeiten, die der unüberholbaren vorgelagert sind, allererst eigentlich verstehen und wählen läßt. Das Vorlaufen erschließt der Existenz als äußerste Möglichkeit die Selbstaufgabe und zerbricht so jede Versteifung auf die je erreichte Existenz. Das Dasein behütet sich, vorlaufend, davor, hinter sich selbst und das verstandene Seinkönnen zurückzufallen [...].' (S. 264)

Erläutern Sie:

'Als unbezügliche Möglichkeit vereinzelt der Tod aber nur, um als unüberholbare das Dasein als Mitsein verstehend zu machen für das Seinkönnen der Anderen. Weil das Vorlaufen in die unüberholbare Möglichkeit alle ihr vorgelagerten Möglichkeiten mit erschließt, liegt in ihm die Möglichkeit eines existenziellen Vorwegnehmens des *ganzen* Daseins, das heißt die Möglichkeit, als *ganzes Seinkönnen* zu existieren.' (S. 264)

Ordnen Sie vom Charakter der Unbestimmtheit des vorlaufenden Erschließens her die folgende Aussage ein:

'Das Sein zum Tode ist wesenhaft Angst.' (S. 266)!

Legen Sie dar: Welches – daseinsanalytisch betrachtet – besondere Vermögen eignet dieser Befindlichkeit nach Heidegger? Warum hat die Furcht dieses Vermögen nicht?

Verdeutlichen Sie die folgende zusammenfassende Aussage Heideggers zur 'Charakteristik des existenzial entworfenen eigentlichen Seins zum Tode' (S. 266):

›Das Vorlaufen enthüllt dem Dasein die Verlorenheit in das Man-selbst und bringt es vor die Möglichkeit, auf die besorgende Fürsorge primär ungestützt, es selbst zu sein, selbst aber in der leidenschaftlichen, von den Illusionen des Man gelösten, faktischen, ihrer selbst gewissen und sich ängstenden F r e i h e i t   z u m   T o d e.‹ (S. 266)

Welches Problem spricht Heidegger an, wenn er in diesem Paragraphen gegen Ende betont:

›Die existenzial entwerfende Umgrenzung des Vorlaufens hat die *ontologische* Möglichkeit eines existenziellen eigentlichen Seins zum Tode sichtbar gemacht. Damit taucht aber dann die Möglichkeit eines eigentlichen Ganzseinkönnens des Daseins auf – *aber doch nur als eine ontologische Möglichkeit*. [...] Die ontologische Möglichkeit eines eigentlichen Ganzseinkönnens bedeutet so lange nichts, als nicht das entsprechende ontische Seinkönnen aus dem Dasein selbst erwiesen ist. Wirft sich das Dasein je faktisch in ein solches Sein zum Tode? *Fordert* es auch nur aus dem Grunde seines eigensten Seins ein eigentliches Seinkönnen, das durch das Vorlaufen bestimmt ist? – Vor der Beantwortung dieser Fragen gilt es nachzuforschen, inwiefern *überhaupt* und in welcher Weise das Dasein aus seinem eigensten Seinkönnen her *Zeugnis gibt* von einer möglichen *Eigentlichkeit* seiner Existenz, so zwar, daß es diese nicht nur als *existenziell* mögliche bekundet, sondern von ihm selbst *fordert*‹ (S. 266f.)?

Benennen und verdeutlichen Sie dieses Problem in eigenen Worten! Beurteilen Sie: Welche Aufgabe stellt sich Heidegger mithin für das zweite Kapitel dieses Abschnittes von *Sein und Zeit*?

Zweites Kapitel
Daseinsmäßige Bezeugung eines eigentlichen Seinkönnens und Entschlossenheit

§ 54: Problem der Bezeugung einer eigentlichen existenziellen Möglichkeit (S. 267–270)

Geben Sie wieder: Worin besteht das Hauptproblem, das Heidegger hier anspricht?

Ermitteln Sie: Was macht nach Heidegger die Schwierigkeit aus, `die Wahl zu wählen´?

Benennen Sie: Welches Phänomen bezeugt im Dasein das eigentliche Ganz- und Selbstseinkönnen des Daseins? Machen Sie dies plausibel!

Ermitteln Sie: Inwiefern ist Heideggers Untersuchung dieses Phänomens eine `eingeschränkte´?

Eruieren und analysieren Sie: Was sagt Heidegger auf der Grundlage des bisher Aufgewiesenen bereits über dieses Phänomen, und wie bestimmt sich dadurch die Gliederung der kommenden Paragraphen?

§ 55: Existenzial-ontologische Fundamente des Gewissens (S. 270–272)

Legen Sie dar: Warum muss Heidegger die existenzial-ontologischen Fundamente des Gewissensphänomens aufzeigen, wo es doch unbestreitbar ein Phänomen des Daseins ist?

Arbeiten Sie heraus: Welches sind die existenzial-ontologischen Fundamente des Gewissensphänomens?

Ermitteln Sie: Welcher Aspekt tritt beim Gewissen am deutlichsten hervor?

Geben sie in eigenen, erklärenden Worten wieder:

> `Der Ruf bricht das sich überhörende Hinhören des Daseins auf das Man, wenn er, seinem Rufcharakter entsprechend, ein Hören weckt, das in allem gegenteilig charakterisiert ist im Verhältnis zum verlorenen Hören.´ (S. 271)

§ 56: Rufcharakter des Gewissens (S. 272–274)

Bestimmen Sie Wer (`Adressat´), Woraufhin und Was (`Geredetes´) des Gewissensrufes!

Erklären Sie:

> `Das Gewissen redet einzig und ständig im Modus des Schweigens.´ (S. 273)

Veranschaulichen Sie:

> `Die `Täuschungen´ entstehen im Gewissen nicht durch ein Sichversehen (Sichverrufen) des Rufes, sondern erst aus der Art, wie der Ruf *gehört* wird […]´ (S. 274)

Erläutern Sie:

> `[D]er Ruf, als welchen wir das Gewissen kennzeichnen, ist Anruf des Man-selbst in seinem Selbst […].´ (S. 274)

Eruieren Sie: Welche Frage muss nach Heidegger außer den Fragen nach dem Wer, Woraufhin und Was noch geklärt werden und warum?

§ 57: Gewissen als Ruf der Sorge (S. 274–280)

Ermitteln Sie: Warum ist es nötig, `die Frage, *wer* ruft, ausdrücklich noch zu stellen´ (S. 275; vgl. Frage 5 zu § 56)?
Veranschaulichen Sie:
> `Der Ruf kommt *aus* mir und doch *über* mich´ (S. 275)!

Welche Deutungen dieser Tatsache `überspringen vorschnell den phänomenalen Befund´ (S. 275) und wodurch wird diese Voreiligkeit noch befördert? Was gerät dadurch `aus dem Blick´?
Erklären Sie, wie Heidegger zu dem Resultat kommt:
> `Das Gewissen offenbart sich als Ruf der Sorge [...]´ (S. 277)!

Explizieren Sie dieses Resultat!
Erläutern Sie:
> `Der Ruf des Gewissens, das heißt dieses selbst, hat seine ontologische Möglichkeit darin, daß das Dasein im Grunde seines Seins Sorge ist.´ (S. 277f.)

Wie ordnet Heidegger das ein, was er das `öffentliche Gewissen´ nennt?
Erklären Sie:
> `Die `Objektivität´ des Anrufs erhält dadurch erst ihr Recht, daß die Interpretation ihm seine `Subjektivität´ beläßt, die freilich dem Man-selbst die Herrschaft versagt.´ (S. 278)

Geben Sie wieder: Was wird durch das Gewissen als Ruf der Sorge bezeugt?

§ 58: Anrufverstehen und Schuld (S. 280–289)

Erklären Sie:

'Der Ruf weist das Dasein *vor auf* sein Seinkönnen und das als Ruf *aus* der Unheimlichkeit. Der Rufer ist zwar unbestimmt – aber das Woher, aus dem er ruft, bleibt für das Rufen nicht gleichgültig. Dieses Woher – die Unheimlichkeit der geworfenen Vereinzelung – wird im Rufen mitgerufen, das heißt miterschlossen. Das Woher des Rufens im Vorrufen auf ... ist das Wohin des Zurückrufens. Der Ruf gibt kein ideales, allgemeines Seinkönnen zu verstehen; er erschließt es als das jeweilig vereinzelte des jeweiligen Daseins. Der Erschließungscharakter des Rufes wird erst voll bestimmt, wenn wir ihn als vorrufenden Rückruf verstehen' (S. 280)!

Stellen Sie heraus, inwiefern sich Heideggers existenzialer Begriff von Schuld unterscheidet vom Schuldverständnis der 'alltäglichen Verständigkeit'! Legen Sie dar: Warum ist das Alltagsverständnis von Schuld aus daseinsanalytisch-fundamental-ontologischer Perspektive nicht angemessen? Inwiefern ist das Alltagsverständnis dennoch in *bestimmter* Hinsicht *anknüpfungsfähig* für die Entfaltung eines *existenzialen* Begriffes von Schuld?

Worauf will Heidegger hinaus, wenn er '[d]ie formal existenziale Idee für 'schuldig' [bestimmt als; R.M.]: Grundsein für ein durch Nicht bestimmtes Sein – das heißt *Grundsein einer Nichtigkeit*' (S. 283)? Erklären Sie diese Bestimmung!

Machen Sie deutlich, warum das Dasein trotz seiner Geworfenheit schuldig sein kann, ja sogar schuldig werden *muss* als existierendes Dasein in der existenzialen Bedeutung von Schuldigsein!

Explizieren Sie:

'Die Geworfenheit [...] liegt nicht hinter ihm als ein tatsächlich vorgefallenes und vom Dasein wieder losgefallenes Ereignis, das mit ihm geschah, sondern *das Dasein ist* ständig – solange es ist – als Sorge sein 'Daß'. *Als dieses Seiende*, dem überantwortet es einzig als das Seiende, das es ist, existieren kann, *ist es existierend* der Grund seines Seinkönnens. Ob es den Grund gleich *selbst nicht* gelegt hat, ruht es in seiner Schwere, die ihm die Stimmung als Last offenbar macht. – Und wie *ist* es dieser geworfene Grund? Einzig so, dass es sich aus Möglichkeiten entwirft, in die es geworfen ist. Das Selbst, das als solches den Grund seiner selbst zu legen hat, kann dessen *nie* mächtig werden und hat doch existierend das Grundsein zu übernehmen. Der eigene geworfene Grund zu sein, ist das Seinkönnen, darum es der Sorge geht.' (S. 284)

Erläutern Sie:
> 'Das Schuldigsein resultiert nicht erst aus einer Verschuldung, sondern umgekehrt: diese wird erst möglich 'auf Grund' eines ursprünglichen Schuldigseins.' (S. 284)

Erklären Sie, was Heidegger meint, wenn er sagt:
> 'Grundseiend *ist* es [das Dasein; R.M.] selbst eine Nichtigkeit seiner selbst. Nichtigkeit bedeutet keineswegs Nichtvorhandensein, Nichtbestehen, sondern meint ein Nicht, das dieses *Sein* des Daseins, seine Geworfenheit, konstituiert. Der Nichtcharakter dieses Nicht bestimmt sich existenzial: *Selbst* seiend ist das Dasein das geworfene Seiende *als* Selbst. *Nicht durch es selbst, sondern an es selbst entlassen* aus dem Grunde, um *als dieser* zu sein. Das Dasein ist nicht insofern selbst der Grund seines Seins, als dieser aus eigenem Entwurf erst entspringt, wohl aber ist es als Selbstsein das *Sein* des Grundes. Dieser ist immer nur Grund eines Seienden, dessen Sein das Grundsein zu übernehmen hat.' (S. 284f.)

Exemplifizieren Sie:
> 'Der Entwurf ist nicht nur als je geworfener durch die Nichtigkeit des Grundseins bestimmt, sondern als *Entwurf* selbst wesenhaft *nichtig*. Diese Bestimmung meint [...] keineswegs die ontische Eigenschaft des 'erfolglos' oder 'unwertig', sondern ein existenziales Konstitutivum der Seinsstruktur des Entwerfens. Die gemeinte Nichtigkeit gehört zum Freisein des Daseins für seine existenziellen Möglichkeiten. Die Freiheit aber *ist* nur in der Wahl der einen, das heißt im Tragen des Nichtgewähltshabens und Nichtauswählenkönnens der anderen.' (S. 285)

Erklären Sie, ausgehend von der folgenden Textpassage, (nochmals) die Differenz zwischen dem 'Nicht' im Schuldverständnis der 'alltäglichen Verständigkeit' und dem 'Nicht' im daseinsanalytisch-existenzialen Schuldverständnis:

> 'In der Struktur der Geworfenheit sowohl wie in der des Entwurfs liegt wesenhaft eine Nichtigkeit. Und sie ist der Grund für die Möglichkeit der Nichtigkeit des *un*eigentlichen Daseins im Verfallen, als welches es je schon immer faktisch ist. *Die Sorge selbst ist in ihrem Wesen durch und durch von Nichtigkeit durchsetzt.* Die Sorge – das Sein des Daseins – besagt demnach als geworfener Entwurf: Das (nichtige) Grundsein einer Nichtigkeit. Und das bedeutet: *Das Dasein ist als solches schuldig*, wenn anders die formale existenziale Bestimmung der Schuld als Grundsein einer Nichtigkeit zu Recht besteht.
>
> Die existenziale Nichtigkeit hat keineswegs den Charakter einer Privation, eines Mangels gegenüber einem ausgesteckten Ideal, das im Dasein nicht erreicht wird, sondern das Sein dieses Seienden ist *vor* allem, was es entwerfen kann, *als Entwerfen* schon nichtig. Diese Nichtigkeit tritt daher

auch nicht gelegentlich am Dasein auf, um an ihm als dunkle Qualität zu haften, die es, weit genug fortgeschritten, beseitigen könnte.' (S. 285)

Exponieren Sie den Zusammenhang von existenzialem Schuldigsein des Daseins, Schuldigwerden des faktisch existierenden Daseins und `moralisch' Gutem und Bösem bzw. Moralität!

Was hat Heidegger im Sinn, wenn er fragt:

`[...] oder bekundet sich darin, daß die Schuld `schläft', nicht gerade das ursprüngliche Schuldigsein? Daß dieses zunächst und zumeist unerschlossen bleibt, durch das verfallende Sein des Daseins verschlossen gehalten wird, *enthüllt* nur die besagte Nichtigkeit. Ursprüngliches als jedes *Wissen* darum ist das Schuldig*sein*. Und nur weil das Dasein im Grunde seines Seins schuldig ist und als geworfen verfallendes sich ihm selbst verschließt, ist das Gewissen möglich, wenn anders der Ruf *dieses Schuldigsein* im Grunde zu verstehen gibt.' (S. 286)

Erklären Sie:

`In der Unheimlichkeit steht das Dasein ursprünglich mit sich selbst zusammen. Sie bringt dieses Seiende vor seine unverstellte Nichtigkeit, die zur Möglichkeit seines eigensten Seinkönnens gehört.' (S. 286f.)

Drücken Sie in eigenen Worten aus und konkretisieren Sie:

`Der Anruf ist vorrufender Rückruf: *vor:* in die Möglichkeit, selbst das geworfene Seiende, das es ist, existierend zu übernehmen, *zurück:* in die Geworfenheit, um sie als den nichtigen Grund zu verstehen, den es in die Existenz aufzunehmen hat. Der vorrufende Rückruf des Gewissens gibt dem Dasein zu verstehen, daß es – nichtiger Grund seines nichtigen Entwurfs in der Möglichkeit seines Seins stehend – aus der Verlorenheit in das Man sich zu ihm selbst zurückholen soll, das heißt *schuldig ist*.' (S. 287)

Ermitteln Sie, warum `Aufrufen zum Schuldigsein [...] nicht Aufruf zur Bosheit [...]' (S. 287) meint! Legen Sie dar, was `Aufrufen zum Schuldigsein' stattdessen besagt!

Stellen Sie heraus, was das `rechte Hören des Anrufs' (S. 287) (des Gewissens) ist!

Stellen Sie dar, was es heißt, wenn Heidegger sagt:

`Das Dasein ist *rufverstehend hörig seiner eigensten Existenzmöglichkeit.* Es hat sich selbst gewählt. Mit dieser Wahl ermöglicht sich das Dasein sein eigenstes Schuldigsein [...]' (S. 287f.)

Was kennzeichnet hingegen die Verständigkeit des Man?

Exemplifizieren Sie, woran Heidegger denkt, wenn er über das Man sagt:

`Vom eigensten Schuldigsein hat es sich fortgeschlichen um desto lauter Fehler zu bereden.' (S. 288)

Erklären Sie:

> 'Das Rufverstehen ist das Wählen – nicht des Gewissens, das als solches nicht gewählt werden kann. Gewählt wird das Gewissen-*haben* als Freisein für das eigenste Schuldigsein. *Anrufverstehen* besagt: *Gewissen-haben-wollen.*' (S. 288)

Erläutern Sie, inwiefern damit nicht 'ein 'gutes' Gewissen haben wollen [...]' (S. 288) gemeint ist!

Erläutern Sie:

> 'Das Gewissen-haben-wollen ist [...] die ursprünglichste existenzielle Voraussetzung für die Möglichkeit des faktischen Schuldigwerdens.' (S. 288)

Erklären Sie und exemplifizieren Sie das Gemeinte:

> 'Jedes Handeln aber ist faktisch notwendig 'gewissenlos', nicht nur weil es faktische moralische Verschuldung nicht vermeidet, sondern weil es auf dem nichtigen Grunde seines nichtigen Entwerfens je schon im Mitsein mit Anderen an ihnen schuldig geworden ist. So wird das Gewissen-haben-wollen zur Übernahme der wesenhaften Gewissenlosigkeit, innerhalb der allein die existenzielle Möglichkeit besteht, 'gut' zu sein.' (S. 288)

Heidegger charakterisiert das Gewissen 'als eine zum Sein des Daseins gehörende *Bezeugung*' (S. 288). Stellen Sie heraus: Was geschieht in dieser Bezeugung?

Geben Sie wieder: Welchem Problem will sich Heidegger im nächsten Paragraphen stellen und wie begründet er dieses Vorhaben?

§ 59: Existenziale Interpretation des Gewissens und vulgäre Gewissensauslegung (S. 289–295)

Machen Sie verständlich, was Heidegger unter der `vulgären' Gewissensauslegung versteht!
Begründen Sie, warum es nach Heidegger unangemessen ist, Gewissen vornehmlich vom `schlechten' Gewissen her zu verstehen? Welche Gründe führt Heidegger an? Welche daseinsanalytisch-phänomenale Tatsache wird in dieser `Vulgärauslegung' des Gewissens übergangen?
Aus welchen Gründen lehnt Heidegger auch die Auslegung des Gewissens als `inneren Gerichtshof' im Sinne Kants ab? Was bleibt in dieser Auslegung ausgeblendet bzw. `uneingeholt' am Gewissensphänomen?
Worin besteht der Bezug zur Defizienz der Auslegung des Gewissens vom `schlechten' Gewissen her?

§ 60: Existenziale Struktur des im Gewissen bezeugten eigentlichen Seinkönnens (S. 295–301)

Erklären Sie, warum Heidegger sich nun an die Freilegung der existenzialen Struktur des eigentlichen Seinkönnens macht, die im Gewissen bezeugt ist!

Erläutern und plausibilisieren Sie die Aussage:
> 'Gewissen-haben-wollen ist als Sich-verstehen im eigensten Seinkönnen eine Weise der *Erschlossenheit* des Daseins.' (S. 295)

Fassen Sie auf dem Hintergrund des bislang Erarbeiteten rekapitulierend zusammen, warum Gewissen als ein Verstehen aufzufassen ist!

Zeigen Sie auf, wie Heidegger die Strukturmomente der Erschlossenheit, also Befindlichkeit, Verstehen und Rede, am Phänomen des Gewissens aufweist!

Setzen Sie in Beziehung: Was versteht Heidegger unter Entschlossenheit, was unter Entschluß, was unter Situation? Im welchem konkreten Verhältnis stehen Entschlossenheit, Entschluß und Situation?

Bestimmen Sie das Verhältnis von Situation und Faktizität!

Relationieren Sie: Wie verhalten sich Zufall und Situation zueinander! Wie sind entschlossenes Dasein und das Man in Bezug auf beide je zu bestimmen?

Welche Aufgabe stellt sich für Heidegger für das nun folgende dritte Kapitel des zweiten Abschnittes von *Sein und Zeit*. Warum beginnt gerade jetzt ein neues Kapitel? Begründen Sie! Bestimmen Sie den Ort dieser Aufgabe innerhalb von Heideggers Gesamtprojekt!

Drittes Kapitel
Eigentliches Ganzseinkönnen des Daseins und Zeitlichkeit als der ontologische Sinn der Sorge

§ 61: Vorzeichnung des methodischen Schrittes von der Umgrenzung des eigentlichen daseinsmäßigen Ganzseins zur phänomenalen Freilegung der Zeitlichkeit (S. 301–305)

Exponieren Sie die Bedeutung dieses Paragraphen zu Beginn des dritten Kapitels!

Ermitteln Sie, welchen Zusammenhang von Vorlaufen und Entschlossenheit bzw. Entschließen Heidegger vertritt! Überlegen und überprüfen Sie, ob die Beziehung, wie Heidegger sie bestimmt, plausibel ist! Von welchem Problem ausgehend zeigt Heidegger die Notwendigkeit einer Bestimmung dieses Zusammenhanges auf?

Weisen Sie den Zusammenhang von (vorlaufender) Entschlossenheit und Endlichkeit als Zeitlichkeit auf! Inwiefern ist also die Zeitlichkeit der ontologische Sinn der Sorge? Zeigen Sie den Zusammenhang zwischen der Zeitlichkeit des Daseins und anderen Gestalten von Zeitlichkeit! Zeigen Sie, inwiefern hier bereits prospektiv erkennbar wird, dass und inwiefern für Heidegger `die Zeit der Sinn von Sein´ ist?

Überlegen Sie: Warum setzt Heidegger sich für den Fortgang des dritten Kapitels die Aufgabe einer phänomenalen Ausweisung der Zeitlichkeit als des Sinnes der Sorge? Was deutet Heidegger bezüglich dieser phänomenalen Freilegung bereits hier umrisshaft an?

Weisen Sie auf, welche Aufgabe sich auf der Grundlage des Aufweises der Zeitlichkeit als Sinn der Sorge für die bislang aufgewiesenen und explizierten Daseinsphänomene und existenzialen Strukturmomente des Daseins stellt!

§ 62: Existenziell eigentliches Ganzseinkönnen des Daseins als vorlaufende Entschlossenheit (S. 305–310)

Erklären Sie, wie Freiheit, Entschlossenheit und Endlichkeit(sbewusstsein) des Daseins zusammenhängen.

Illustrieren Sie exemplarisch: Inwiefern `verendlicht´ sich das Dasein dadurch, dass es sich zu etwas Bestimmtem als einer bestimmten Daseinsmöglichkeit entschließt? Inwiefern wird es dadurch `schuldig´ und inwiefern liegt gerade in diesem `Schuldig-sein´ seine Freiheit?

Bestimmen Sie das Verhältnis von Entschlossenheit und `Sein zum Ende´!

Wie hängen die Möglichkeiten, die das Dasein hat, und sein verstehendes Sein zum Ende zusammen? Inwiefern kann man sagen, dass erst aus seinem verstehenden Sein zum Ende seine Daseinsmöglichkeiten entspringen? Verdeutlichen Sie!

Weisen Sie den Zusammenhang auf zwischen dem Ganzseinkönnen des Daseins und der vorlaufenden Entschlossenheit sowie den zwischen Entschlossenheit und Sein zum Tode! Welche Beziehung besteht zwischen Entschlossenheit und Angst?

Bestimmen Sie die Relation von Entschlossenheit und bestimmtem Entschluss! Bedeutet Entschlossenheit, dass an einem einmal getroffenen Entschluss rigide festgehalten wird? Was bedeutet es für die Entschlossenheit des Daseins, wenn eine getroffene Intention des Daseins scheitert oder das Dasein seinen früheren Entschluss angesichts einer bestimmten Situation, in der es sich befindet, ändert? Was meint Heidegger damit, dass `der Entschluß […] frei und *offen gehalten* werden [müsse; R.M.] für die jeweilige faktische Möglichkeit´ (S. 307)?

Arbeiten Sie heraus, in welcher Weise Entschlossenheit und `Verlorenheit in die Unentschlossenheit des Man´ (S. 308) konstitutiv aufeinander bezogen sind!

Setzen Sie Entschlossenheit und Verstehen in Beziehung!

§ 63: Hermeneutische Situation einer Interpretation des Seinssinnes der Sorge. Methodischer Charakter der existenzialen Analytik überhaupt (S. 310–316)

Erklären Sie, wie Heidegger in diesem Paragraphen das Projekt von *Sein und Zeit* (nochmals) legitimiert! Wie begründet er die eigentümliche Terminologie, die er in *Sein und Zeit* verwendet (und verwenden zu müssen glaubt)? Inwiefern muss die – nun zu leistende – ursprüngliche Interpretation des Daseins ebenfalls den 'Charakter einer Gewaltsamkeit' haben?

Machen Sie plausibel, wie interpretatorische Gewaltsamkeit und die Freigabe des *'unverstellten phänomenalen Bestandes'* (S. 313) für Heidegger in Zusammenhang stehen!

Exponieren Sie: Wie beantwortet Heidegger den Zirkeleinwand, also die (selbst erhobene) Entgegnung, dass das zu Analysierende, das Dasein bzw. die Existenz, bereits vorweg in dieses hineingelegt worden sei, nämlich als ein bestimmtes Existenzverständnis?

Legen Sie dar, wie Seinsart des Daseins, Verstehen, Seinssinn der Sorge, Selbstbezogenheit und Zirkelhaftigkeit miteinander zusammenhängen!

§ 64: Sorge und Selbstheit (S. 316–323)

Rekapitulieren Sie, wie die Sorge bislang bestimmt wurde! Beachten Sie hierbei v.a. das Verhältnis zu Existenz, Verfallen und Faktizität!

Bestimmen Sie die Phänomene der Sorgestruktur und ihr Verhältnis zur Ganzheit des Daseins als Einheit der Sorgestruktur!

Ermitteln Sie: Wie versucht Heidegger die Einheit der Sorgestruktur bzw. die Ganzheit des Daseins im Dasein phänomenal aufzuzeigen? Überlegen Sie: Warum ist dies in Anbetracht des in *Sein und Zeit* bislang Aufgewiesenen überhaupt erforderlich?

Geben Sie wieder, wie die Ganzheit des Daseins für das Dasein nach Heidegger erfahrbar ist!

Skizzieren Sie, wie Heidegger den inneren Zusammenhang von Selbstsein, Identität des Daseins, Ganzheit des Daseins und dem sog. `Ich' bestimmt!

Weisen Sie auf, wie sich nach Heidegger `Man-selbst' und eigentliches Selbst bzw. `Ich' zueinander verhalten! Beziehen Sie sich hierbei auch auf die Darlegungen Heideggers in seiner vorgängigen Untersuchung des Man! Beachten Sie dabei besonders die Relation von (eigentlichem) Selbstsein, Man-selbst sowie Verfallen! Ist das eigentliche Selbst, recht verstanden, existenziale Abwandlung des Man-selbst oder umgekehrt das Man-selbst existenziale Modifikation des eigentlichen Selbst? Welches Fundierungsverhältnis besteht hier, und warum hat Heidegger dies nicht bereits bei seiner vorgängigen Untersuchung elaboriert?

Erklären Sie Heideggers existenziales Konzept des Selbst! Wie exponiert Heidegger die Verbindung von Selbstbeziehung und Sorgestruktur bzw. von Selbstheit und Sorge?

Erläutern Sie:

`Im Ich-sagen spricht sich das Dasein als In-der-Welt-sein aus.' (S. 321)

Unterscheiden und bestimmen Sie `Ich' im alltäglichen Verständnis und `Ich' im Sinne existenzialen Selbstseins! Wie verhalten sich beide zum Man-selbst? Wie zur traditionellen neuzeitlichen Subjektvorstellung?

Bestimmen Sie das Bedingungsverhältnis von Sorge und Selbst bzw. Ständigkeit (`Identität') des Selbst!

Legen Sie dar: Wie sind nach Heidegger Ich, Selbstständigkeit des Daseins, Verfallenheit und vorlaufende Entschlossenheit aufeinander bezogen? Inwiefern erlaubt es Heideggers Konzeption von Identität und Selbstheit besonders, ein Ich zu denken, das nicht eigentlich es selbst ist, sondern sein Selbstsein verfehlt?

Ermitteln Sie: Worin sieht Heidegger die besondere Stärke der Ausführungen Kants im Paralogismenkapitel der *Kritik der reinen Vernunft*, worin deren Unzulänglichkeit? Inwiefern bleibt Kant nach Heidegger mit seinen Ausführungen doch einer Vorhandenheitsontologie verhaftet, die dem Ich bzw. der Selbstheit des Daseins nicht gerecht wird und werden kann?

Erläutern Sie:

> `Dasein *ist eigentlich selbst* in der ursprünglichen Vereinzelung der Verschwiegenheit, sich Angst zumutenden Entschlossenheit.´ (S. 322)

§ 65: Zeitlichkeit als der ontologische Sinn der Sorge (S. 323–331)

Fassen Sie auf der Grundlage des zuvor Gewonnenen zusammen, warum es nach Heidegger zweckmäßig ist, das Dasein als Ausgangspunkt für die fundamental-ontologische Frage nach dem Sinn von Sein zu nehmen.
Zeigen Sie auf, welche Verbindung zwischen der Frage nach dem Sinn von Sein und der nach dem Sinn der Sorge besteht!
Ermitteln Sie: Wie hängen Sinn der Sorge und Zukunft (`Zu-kunft´, d.h. `Kunft, in der das Dasein in seinem eigensten Seinkönnen auf sich zukommt´ [S. 325]) miteinander zusammen? Inwiefern ist das Dasein zukünftig?
Erläutern Sie: Inwiefern ist das Dasein als zukünftiges zugleich gewesen?
Erläutern Sie die beiden Aussagen (S. 326):

> `Eigentlich zukünftig *ist* das Dasein eigentlich *gewesen* [...]´; `Dasein kann nur eigentlich gewesen *sein*, sofern es zukünftig ist. Die Gewesenheit entspringt in gewisser Weise der Zukunft´

Versuchen Sie Vergangenheit und Gewesenheit voneinander zu unterscheiden!
Was ist mit der Behauptung gemeint, der Sinn der Sorge sei die Zeitlichkeit? Erklären Sie:

> `Die ursprüngliche Einheit der Sorgestruktur liegt in der Zeitlichkeit.´ (S. 327)

Wie hängen Zeitlichkeit des Daseins und Ganzheit des Daseins miteinander zusammen? Inwiefern ist Zeit ursprünglich als Zeitigung der die Struktur der Sorge ermöglichenden Zeitlichkeit?
Rekapitulieren Sie: Was sind die Strukturmomente der Sorge? Was ist mit ihnen jeweils gemeint?
Welche spezifischen Zeitlichkeiten weist Heidegger den Strukturaspekten Existenzialität, Faktizität und Verfallen zu? Ordnen Sie hierfür die durcheinander geratenen Begrifflichkeiten einander zu: Zukunft – Schon-bei – Sich-vorweg – Gegenwärtigen – Faktizität – Existenzialität – Verfallen!
Erläutern Sie diese Begrifflichkeiten! Problematisieren Sie den Zusammenhang von Gegenwärtigen und Verfallen! Weisen Sie auf: Inwiefern lassen sich eine eigentliche Gegenwart (als `Augenblick´) und eine uneigentliche Gegenwart unterscheiden?
Rekapitulieren Sie nochmals: Warum ist die Zeitlichkeit der Sinn der Sorge?

Machen Sie verständlich, was Heidegger mit der folgenden Aussage über die Zeitlichkeit meint:
  `Sie ist nicht, sondern *zeitigt* sich.´ (S. 328)
Inwiefern sind Zukunft, Gewesenheit und Gegenwart die Ekstasen der Zeitlichkeit? Versuchen Sie das Verhältnis dieser drei Ekstasen der Zeitlichkeit zur `vulgären´ Zeitauffassung zu bestimmen! Was ist dagegen die `ursprüngliche´ Zeit und was ihr ursprüngliches Phänomen? Inwiefern ist davon zu sprechen, dass die Zukunft bzw. die Zeit endlich, also nicht unendlich ist? Inwiefern ist es (zumindest) missverständlich, wenn davon gesprochen wird, dass das Dasein ein Ende `hat´? Bestimmen Sie (in vorläufiger Weise) das Verhältnis von eigentlicher Zeitlichkeit und unendlicher Zeit!

Rekapitulieren Sie die vier Thesen, in die Heidegger die Resultate dieses Paragraphen fasst! Erläutern Sie diese (nochmals) kurz!

§ 66: Zeitlichkeit des Daseins und die aus ihr entspringenden Aufgaben einer ursprünglicheren Wiederholung der existenzialen Analyse (S. 331–333)

Welche Folgeanalysen avisiert Heidegger hier?
Welche wichtige Phänomenunterscheidung nimmt Heidegger in Bezug auf die Zeitlichkeit vor? Können Sie die Sinnhaftigkeit dieser Unterscheidung erläutern? Inwiefern lässt dies u.a. die Absicht Heideggers erkennen, der alltäglichen Zeiterfahrung (und damit der gewöhnlichen (`vulgären´) Zeitauffassung) denjenigen Stellenwert zukommen zu lassen, der ihr (allein) angemessen ist?
Erklären Sie, inwiefern die avisierten Folgeanalysen sachlogisch dem fundamental-ontologischen Unterfangen angemessen sind! Beachten Sie hierbei auch deren Abfolge [viertes bis sechstes Kapitel (sowie perspektivierter Folgeschritt heraus aus der Daseinsanalyse])!

Viertes Kapitel
Zeitlichkeit und Alltäglichkeit

§ 67: Grundbestand der existenzialen Verfassung des Daseins und Vorzeichnung ihrer zeitlichen Interpretation (S. 334f.)

Erklären Sie nochmals kurz:
  'Der Sinn der Sorge ist die Zeitlichkeit.'
Welche Bedeutung kommt der Reformulierung der Existenzialien als Weisen der Zeitlichkeit für das Konzept der Zeitlichkeit zu?

Um welche Phänomene geht es Heidegger bei der Behandlung der Zeitlichkeit des Daseins als In-der-Welt-Sein vorrangig? Warum geht es ihm auch um die spezifische Zeitlichkeit der Rede?

§ 68: Zeitlichkeit der Erschlossenheit überhaupt (S. 335–350)

Erläutern Sie rekapitulierend den Zusammenhang von: Erschlossenheit – Entschlossenheit des Daseins – Eigentlichkeit – Uneigentlichkeit – Sorge(struktur) des Daseins – Zeitlichkeit.

Erklären Sie, inwiefern von einer Gleichzeitigkeit bzw. Gleichursprünglichkeit der Ekstasen der Zeitlichkeit gesprochen werden muss!

Weisen Sie auf, welche spezifischen Weisen der Zeitlichkeit Heidegger dem (eigentlichen und uneigentlichen) Verstehen, der Befindlichkeit, dem Verfallen und der Rede zuordnet!

Zu Einzelnem:

Was versteht Heidegger unter dem 'Augenblick'? Was meint er, wenn vom Augenblick sagt, er sei die 'in der Entschlossenheit *gehaltene* Entrückung des Daseins' (S. 338)?

Was versteht Heidegger unter 'Innerzeitigkeit'?

Grenzen sie 'Augenblick' und 'Innerzeitigkeit' voneinander ab!

Bestimmen Sie den Zusammenhang von: (eigentlicher und uneigentlicher) Gewesenheit – Wiederholung – Vergessenheit – Behalten – Erinnern – Gegenwärtigkeit!

Definieren Sie die gegenseitigen Verhältnisse von: (eigentlichem und uneigentlichem Dasein) – Zeitlichkeit des (eigentlichen und uneigentlichen) Verstehens – vergessend-gegenwärtigendem Gewärtigen! Erklären Sie, inwiefern 'wiederholend-augenblickliches Vorlaufen' als die Zeitlichkeit eigentlichen Verstehens bestimmbar ist!

Weisen Sie auf, inwiefern Verstehen primär in der Zukünftigkeit gründet!

Zeigen Sie auf, warum Befindlichkeit in der Geworfenheit bzw. Faktizität gründet und daher primär in der Gewesenheit! Inwiefern gründet sie aber auch in den anderen beiden Ekstasen?

Definieren Sie die Verhältnisse von: Befindlichkeit – (eigentlicher und uneigentlicher) Gewesenheit – vorlaufend-augenblicklichem Wiederholen – Furcht – Angst – gewärtigend-gegenwärtigendem Vergessen – eigentlicher und uneigentlicher Zeitlichkeit – Gleichgültigkeit – Gleichmut!

Zeigen Sie, dass das Verfallen primär in der Gegenwart gründet!

Illustrieren Sie die Relationen von: Neugier – Aufenthaltslosigkeit – Verfallen – Gegenwart – Augenblick – vergessend-gewärtigender Gegenwärtigen – (uneigentlicher und eigentlicher [?]) Zeitlichkeit des Verfallens! Kann es beim Verfallen eine eigentliche Zeitlichkeit geben? Begründen Sie!

Weisen Sie die wechselseitigen Bezüge auf von: Rede – Sprache – (eigentlicher und uneigentlicher) Gegenwart – Artikulation – Situation – Erschlossenheit des Da – Zeitigung – Zeitlichkeit – Bedeutung!

Zur Gesamtrekapitulation:
Ordnen Sie richtig zu: Zukunft – Augenblick – primäre Zeitlichkeit des Verstehens – Gewesenheit – Gegenwärtigen – Vorlaufen – primäre Zeitlichkeit des Verfallens – Gegenwart – primäre Zeitlichkeit der Befindlichkeit – Vergessen – primäre Zeitlichkeit der Rede – Behalten – Gewärtigen – uneigentlich – eigentlich – uneigentlich – eigentlich – uneigentlich – eigentlich! (Hinweis: In dieser Reihe ist jeweils nur die primäre Form der Zeitigung der Zeitlichkeit berücksichtigt!)
Machen Sie einsichtig, dass Heidegger nun außer der Zeitlichkeit des Daseins auch die Phänomene der Weltlichkeit als in der Zeitlichkeit gegründet aufweisen muss!

§ 69: Zeitlichkeit des In-der-Welt-seins und Problem der Transzendenz der Welt (S. 350–366)

Ermitteln Sie: Welches ist die Aufgabe, deren Bearbeitung Heidegger sich in diesem Paragraphen stellt? Warum ist dies in sachsystematischer Hinsicht folgerichtig?

Bestimmen Sie die Zeitlichkeit des umsichtigen Besorgens und erläutern Sie diese!

Machen Sie einsichtig, was Heidegger meint, wenn er behauptet, das Dasein müsse vergessen, um wirklich zu Werke gehen zu können! *Was* muss beim umsichtigen Besorgen *inwiefern* vergessen werden?

Erklären Sie den Zusammenhang von Behalten und Vergessen!

Die Zeitlichkeit des umsichtigen Besorgens ist ein `gewärtigend-behaltendes Gegenwärtigen`. Diese kommt der Zeitlichkeit des Verfallens gleich. Machen Sie einsichtig, was damit gemeint ist! Berücksichtigen Sie hierbei besonders die Verbindung von Zeitlichkeit des umsichtigen Besorgens und Zeitlichkeit des Verfallens!

In welchem Verhältnis zur Zeitlichkeit des umsichtigen Besorgens stehen gemäß Heidegger Auffälligkeit, Aufdringlichkeit und Aufsässigkeit von Zeug? Machen Sie diese Auffassung der Sache nach plausibel!

Analysieren Sie: Was ist Heideggers leitende Absicht in dem Abschnitt `*Der zeitliche Sinn der Modifikation des umsichtigen Besorgens zum theoretischen Entdecken des innerweltlich Vorhandenen*`? Wie drückt sich dies im Abschnitttitel aus? Diskutieren Sie: Inwieweit kann dies an dieser Stelle – und in *Sein und Zeit* überhaupt – eigentlich gelingen und inwieweit nicht? Beurteilen Sie: Ist sich Heidegger dieser Schwierigkeit bewusst?

Bestimmen Sie anhand von Heideggers Ausführungen das Verhältnis von Theorie und Praxis! Vergleichen Sie dies mit der gängigen Auffassung! Erörtern Sie, welcher Auffassung mehr Recht zukommt!

Erklären Sie, was Heidegger mit `existenzialer Genesis` (S. 358) meint! Geben Sie den Gang der existenzialen Genesis der Wissenschaft wieder! Von welchem Ausgangspunkt beginnt diese? Warum?

Machen Sie einsichtig, dass das `Als` auf der `ekstatisch-horizontalen Einheit der Zeitlichkeit` (S. 360) basiert! Illustrieren Sie dies an einem Beispiel!

Untersuchen Sie: Wodurch ist nach Heidegger das neuzeitliche mathematisch-naturwissenschaftliche Verständnis der Natur bzw. der Welt bestimmt, wie kommt es zustande und was ist der bestimmende Beweggrund, der hier zugrunde liegt?

Unterscheiden Sie die Gegenwärtigung der Umsicht von derjenigen der Anschauung! Warum kommt hier der Aspekt der 'Transzendierung der Welt' ins Spiel? Erklären Sie:
> 'Die Transzendenz besteht nicht in der Objektivierung, sondern diese setzt jene voraus' (S. 363)

Geben Sie wieder, worin das zeitliche Problem der Transzendenz der Welt nach Heidegger besteht!

Bestimmen Sie die Zeitlichkeit der Welt bzw. die Welt in ihrem Sein!

Was meint Heidegger, wenn er die Welt als Horizont auffasst? Erklären Sie, inwiefern die Welt in ihrem Sein einen Horizont bildet!

Machen Sie einsichtig, inwiefern die Welt in der ekstatischen Zeitlichkeit fundiert ist! Inwiefern sind die drei Ekstasen der Zeitlichkeit so etwas wie 'der Wurzelgrund' der Welt des Daseins?

Erklären Sie, warum Objektivieren bzw. objektivierendes Verhalten die Welt bereits voraussetzt und ein Modus des In-der-Welt-seins ist bzw. sein muss! Wie nun ist nach Heidegger ein Transzendieren der Welt möglich?

Entwickeln Sie, welche grundsätzliche Bedeutung es für Heidegger im Blick auf sein Gesamtprojekt hat, die ekstatische Einheit der Zeitlichkeit als Basis bzw. Möglichkeitsbedingung des In-der-Welt-seins des Daseins zu erweisen!

§ 70: Zeitlichkeit der daseinsmäßigen Räumlichkeit (S. 367–369)

Zeigen Sie auf, wie nach Heidegger die Räumlichkeit des Daseins in der Zeitlichkeit fundiert ist!

Skizzieren Sie, mit welcher Begründung Heidegger die Zeitauffassung Kants, die dieser in seiner *Kritik der reinen Vernunft* dargelegt hat, ablehnt!

Bestimmen Sie das Verhältnis von Dasein und Räumlichkeit und legen Sie dar, weshalb der Raum für Heidegger eine Form der Zeitlichkeit ist.

Erläutern Sie, was es heißt, dass die Räumlichkeit des Daseins, zeitlich perspektiviert, eine Weise der Gegenwärtigung ist! Führen Sie aus, warum und wie es dennoch zur gewöhnlichen Raumauffassung kommt!

Legen Sie klar, was Heidegger meint, wenn er behauptet, die Räumlichkeit stelle den Leitfaden `für die Artikulation des im Verstehen überhaupt Verstandenen und Auslegbaren´ (S. 369) dar! Was bedeutet dies für die Zeitauffassung?

§ 71: Zeitlicher Sinn der Alltäglichkeit des Daseins (S. 370-372)

Erklären Sie, was Heidegger unter 'Alltäglichkeit des Daseins' versteht und exemplifizieren Sie diese!
Exponieren Sie: Worin besteht das Rätsel in Bezug auf die Alltäglichkeit bzw. das alltägliche Dasein (vgl. 'Rätsel über Rätsel'; S. 371)? Zeigen Sie auf, welche Aufgabe sich hieraus für das Folgekapitel (und überhaupt für das Folgende) ergibt!
Erklären Sie: Warum ist die Alltäglichkeit erst 'im Rahmen der grundsätzlichen Erörterung des Sinnes von Sein überhaupt' (S. 372) aufklärbar, also erst in über *Sein und Zeit* hinausführenden Untersuchungen? Beachten Sie hierbei das Begründungsverhältnis von Zeitlichkeit und Sein des Daseins!

Fünftes Kapitel
Zeitlichkeit und Geschichtlichkeit

§ 72: Existentialontologische Exposition des Problems der Geschichte (S. 372–377)

Rekapitulieren Sie in Anlehnung an Heideggers eigene Rekapitulation den bisherigen Gang der fundamentalontologischen Untersuchung und erläutern Sie die Aufgabe, die Heidegger sich nun als nächstes setzt! Worauf zielt seine Frage:

> `Ist denn in der Tat das Ganze des Daseins hinsichtlich seines eigentlichen Ganz*seins* in die Vorhabe der existenzialen Analyse gebracht?´ (S. 372)

Erklären Sie die Aussage:

> `Das faktische Dasein existiert gebürtig, und gebürtig stirbt es auch schon im Sinne des Seins zum Tode.´ (S. 374)

Welche Bedeutung hat diese Aussage für das Verständnis der früheren Darlegungen Heideggers?

Zeigen Sie die Zusammenhänge auf zwischen: Geburt – Tod – Dasein – Geschehen – Geschichtlichkeit – Zeitlichkeit – Zeitigung – Eigentlichkeit – Selbstheit – Selbst(st)ändigkeit!

Weisen Sie Heideggers Bestimmung des Verhältnisses von Geschichte – Historie – Geschichtswissenschaft auf! Warum ist das Problem der Geschichte, recht verstanden, nicht der Geschichtswissenschaft zuzuweisen? Wie verhalten sich Geschichtlichkeit und Zeitlichkeit zueinander? Wie Geschichtlichkeit und `Innerzeitigkeit´?

Geben Sie wieder, welche Aufgabe sich Heidegger für den Folgeparagraphen von *Sein und Zeit* vorsetzt!

§ 73: Vulgäres Verständnis der Geschichte und Geschehen des Daseins (S. 378–382)

Erklären Sie, warum das Vulgärverständnis von Geschichte, nach dem Geschichte es mit Vergangenem zu tun hat, unzutreffend ist und stattdessen gemäß dem gewöhnlichen Verständnis gesagt werden muss, sie sei `das in der Zeit sich begebende spezifische Geschehen des existierenden Daseins´ in der Weise, `daß das im Miteinandersein `vergangene´ und zugleich `überlieferte´ und fortwirkende Geschehen im betonten Sinn als Geschichte gilt´ (Zitate S. 379).

Fassen Sie zusammen: Wie positioniert sich Heidegger gegenüber dem zuletzt genannten gewöhnlichen Verständnis von Geschichte? Wie sieht Heidegger das Verhältnis der Geschichtlichkeit zum Dasein (und welche Rolle spielt hierbei die Zeitlichkeit), und welche Aufgabe stellt er sich diesbezüglich?

§ 74: Grundverfassung der Geschichtlichkeit (S. 382–387)

Ermitteln Sie: Was ist die Aufgabe dieses Paragraphen?

Skizzieren Sie: Wie interpretiert Heidegger die Geschichtlichkeit des Daseins? Wie verhält sich diese zu Zeitlichkeit und Eigentlichkeit des Daseins?

Erklären Sie die Begriffe `Erbe´ und `Schicksal´, die Heidegger verwendet! Was meint er jeweils damit?

Zeigen Sie auf, wie `Schicksal´ und (eigentliche) Geschichtlichkeit (des Daseins) miteinander zusammenhängen!

Weisen Sie die Bezüge auf von: Schicksal – Ohnmacht – Übermacht – Zufall – Entschluss – Endlichkeit – Sein zum Ende – Freiheit!

Bestimmen Sie den Begriff `Geschick´, wie Heidegger ihn versteht!

Was versteht Heidegger unter einem Dasein, das `a u g e n b l i c k l i c h sein [kann] für `seine Zeit´´ (S. 385)?

Weisen Sie auf, wie folgende Begriffe miteinander in Bezug zu setzen sind: (eigentliche) Geschichtlichkeit des Daseins – Wahl – Wiederholung – (ausdrückliche) Überlieferung – Rückgang – Daseinsmöglichkeiten – Gewesenheit – Erwiderung – Widerruf der Vergangenheit – Geschichte – Zukunft des Daseins – Sein zum Ende – Endlichkeit – Existenz!

Entwickeln Sie, welche Aufgabe sich sachlich im Anschluss an diesen Paragraphen stellt!

§ 75: Geschichtlichkeit des Daseins und Welt-Geschichte (S. 387-392)

Eruieren Sie: Was ist die Hauptintention dieses Paragraphen?

Untersuchen Sie, wie Heidegger das geschichtliche Geschehen versteht!

Stellen Sie dar, wie Geschichte und In-der-Welt-sein des Daseins zusammenhängen!

Machen Sie deutlich, wie Heidegger Welt-Geschichte auffasst!

Charakterisieren Sie: Was heißt es für Heidegger, eine Situation als geschichtliche zu verstehen?

Weisen Sie auf, wie folgende Begriffe zuzuordnen sind und begründen Sie Ihre Zuordnung: Erbe – Möglichkeiten – Situation – Sein zum Ende – Endlichkeit – Entschlossenheit – `Da´ – (geschichtliches) Sein zum Anfang!

Zeigen Sie auf, dass der Entschlossenheit für die (eigentliche) Geschichtlichkeit eine besondere Rolle zukommt!

Erklären Sie, was bei Heidegger `Ständigkeit der Existenz´ bedeutet und wie sie zustande kommt!

Ordnen Sie folgende Begriffe einander zu und begründen Sie Ihre Gruppierung sachinhaltlich: Unselbständiges Dasein – Endlichkeit – Unentschlossenheit – Wirkliches – Heute – Möglichkeit(en) – uneigentliche Existenz – Neues – Geschichte – Fortschritt (des Wirklichen) – eigentliches Dasein – Geschichte als `Wiederkehr des Möglichen´!

§ 76: Existenzialer Ursprung der Historie aus der Geschichtlichkeit des Daseins (S. 392–397)

Ermitteln Sie: Was will Heidegger in diesem Paragraphen leisten und welche sachsystematische Stellung hat dies im fundamentalontologischen Unternehmen insgesamt?

Legen Sie dar: In welchem Verhältnis stehen uneigentliche und eigentliche Geschichtlichkeit? Inwiefern entspricht dies bereits Bekanntem?

Fassen Sie zusammen: Welche Herangehensweise an das Seiende ihres Aufgabengebietes ist für die Geschichtswissenschaft kennzeichnend? Was bedeutet dies für die Weise, in der das Seiende thematisch wird und was ist hierbei bereits vorausgesetzt?

Setzen Sie in Beziehung: Wie verhalten sich Dasein, insbesondere Dasein in seinem Gewesenheitsaspekt, und Historie zueinander?

Begründen Sie: Inwiefern eignet Geschichte qua Historie stets bereits ein konstruktiv-kreierendes Moment? Inwiefern geht es in ihr nicht nur – und kann es, recht verstanden, nicht nur gehen – um 'historische Fakten'? Warum ist dies so?

Interpretieren Sie: Was meint Heidegger, wenn er herausstellt, Historie erschließe die 'stille Kraft des Möglichen' (S. 394)? Wie hängen Historie und der Modus der Möglichkeit zusammen? Wie Historie und Geschichtlichkeit des Daseins?

Erläutern Sie: Welche drei Arten von Geschichtsschreibung bzw. Historie hat Nietzsche unterschieden und wie interpretiert Heidegger diese temporal im Blick auf die Geschichtlichkeit des Daseins (vgl. *Die Dreifachheit der Historie ist in der Geschichtlichkeit des Daseins vorgezeichnet* [S. 396])?

Bestimmen Sie das Verhältnis von: Historie – Geschichtlichkeit – Zeitlichkeit – Dasein!

§ 77: Zusammenhang der vorstehenden Exposition des Problems der Geschichtlichkeit mit den Forschungen W. Diltheys und den Ideen des Grafen Yorck (S. 397–404)

Skizzieren Sie: Welche Standpunkte werden in diesem Paragraphen referiert und warum hält Heidegger dies für angebracht?

Geben Sie wieder: Wie positioniert sich Heidegger diesen Standpunkten gegenüber?

Sechstes Kapitel
Zeitlichkeit und Innerzeitigkeit als Ursprung des vulgären Zeitbegriffs

§ 78: Unvollständigkeit der vorstehenden zeitlichen Analyse des Daseins (S. 404–406)

Rekapitulieren Sie: Wie hängen Geschichtlichkeit und Zeitlichkeit miteinander zusammen?

Bestimmen Sie das Verhältnis von: vulgärem Geschichtsverständnis – Innerzeitigkeit – ursprünglicher Zeitlichkeit des Daseins!

Charakterisieren sie das ʼinnerzeitige Daseinʼ!

Unterscheiden Sie voneinander und bestimmen Sie ʼWeltzeitʼ und ʼvulgären Zeitbegriffʼ (= pure und qualitätslose Jetztfolge)! Im Ausgang von welcher Fragestellung gelangt Heidegger überhaupt zu dieser Unterscheidung? Worin sind ʼWeltzeitʼ und ʼvulgärer Zeitbegriffʼ fundiert? Inwiefern ʼgibtʼ es die Zeit gar nicht, d.h. inwiefern ist die Zeit nichts, was vorhanden oder existent ist? Wodurch erst entsteht der ʼRätselcharakterʼ der Zeit?

Worin bestehen nach Heideggers Hegelinterpretation Stärke und Schwäche von Hegels Zeitbegriff? Worin liegt für Heidegger die sachsystematische Bedeutung seiner Auseinandersetzung mit diesem (supponierten) Zeitbegriff Hegels?

§ 79: Zeitlichkeit des Daseins und Besorgen von Zeit (S. 406–411)

Bestimmen Sie das Ziel dieses Paragraphen! Berücksichtigen Sie bei der Zielbestimmung auch den Vorblick in § 78!

Führen Sie aus, wie Heidegger die Zeitlichkeit des Besorgens als gewärtigend-behandelndes Gegenwärtigen im Einzelnen bestimmt. Berücksichtigen Sie dabei den § 69!

Was versteht Heidegger unter Gegenwärtigen und welche Rolle spielt in seinen Ausführungen dabei das `Jetzt´, welche die übrigen Zeitlichkeitsekstasen?

Worin besteht die spezifische Relevanz des Gegenwärtigens?

Charakterisieren Sie die Innerzeitigkeit! Was hat die Datierbarkeit von Ereignissen mit der Innerzeitigkeit zu tun, was die Datierbarkeit von Geschehnissen damit, dass das Dasein `sich mit ausspricht´ (S. 407)? Wie hängt Datierbarkeit demnach mit dem Dasein zusammen, speziell seiner Gegenwärtigung? Worin gründet das `Jetzt´?

Bestimmen Sie den Zusammenhang von: Jetzt – Gegenwärtigen – Sorgestruktur – Sein bei – Alltäglichkeit – Verfallenheit – linearer Jetztpunktreihe – vulgärem Zeitverständnis – Uhr(zeit)!

Bestimmen Sie, wie Folgendes zusammenhängt: Defizite der alltäglichen Zeitauffassung – Zeit als Jetztfolge – `Löchrigkeit´ der Alltagszeit – Kontinuität der Zeit – Verfallenheit – Verschwinden der Zeit – Zeitverlust – `keine Zeit haben´ – alltägliches Dasein – `Zeit haben´ – Entschlossenheit – Augenblicklichkeit – Augenblick versus Jetzt – Gewärtigung – Existenz – Entschlossenheit – Ständigkeit – Situation – Gewesenheit – Zukunft!

Erläutern Sie die Aussage:

> `Die dergestalt zeitliche Existenz hat `ständig´ ihre Zeit *für* das, was die Situation von ihr verlangt.´ (S. 410)

§ 80: Besorgte Zeit und Innerzeitigkeit (S. 411–420)

Klären Sie: Worin besteht das Ziel dieses Paragraphen? Berücksichtigen Sie bei der Zielbestimmung auch den früheren Vorblick in § 78! Bestimmen Sie das Verhältnis von: Datierbarkeit – Zeitrechnung – besorgendem Dasein – Zeitveröffentlichung bzw. veröffentlichter Zeit – Uhr – Uhrzeit – kalendarischer Zeit – öffentlicher Zeit – Innerzeitigkeit – Vor- und Zuhandenem – Umsicht – In-der-Welt-sein – Verfallenheit – Alltäglichkeit des Daseins – Sein-bei – Sonne – Jahr und Tag – Koordination von Zeit – Weltlichkeit – Weltzeit – Bedingung der Möglichkeit von Vorhandenheit!

Erklären Sie, was es nach Heidegger heißt, auf der Uhr die Zeit `abzulesen'! Erklären Sie den Zusammenhang von: Räumlichkeit – Uhrzeiger – Gegenwärtigen – Jetzt – Artikulation – Frage – Zeitigung!

Fassen Sie zusammen: In welchem Sinn kann nach Heidegger von einer `Objektivität' der Weltzeit gesprochen werden? In welchem Sinn zugleich von ihrer `Subjektivität'?

Rekapitulieren Sie: Worin besteht nach Heidegger (nochmals, s.o.) der Rätselcharakter der Zeit? Inwiefern `löst' sich das `Zeiträtsel' für das eigentliche Dasein?

§ 81: Innerzeitigkeit und Genesis des vulgären Zeitbegriffs (S. 420–428)

Stellen Sie heraus: Worin besteht das Ziel dieses Paragraphen? Berücksichtigen Sie bei der Zielbestimmung auch den Vorblick in § 78!

Weisen Sie auf: Wie hängen vulgärer Zeitbegriff und Innerzeitigkeit nach Heidegger zusammen? Welche Rolle spielt hierbei für Heidegger der Rekurs auf die Zeitabhandlung in der Physik des Aristoteles?

Gegen Sie in eigenen Worten wieder, wie Heidegger die aristotelische Zeitbestimmung beurteilt!

Wie hängen zusammen: aristotelische Zeitbestimmung – vulgäres Zeitverständnis – reine, unendliche Jetztfolge – Vorhandenheit – Weltzeit – Datierbarkeit – Welt – `Unendlichkeit' der Zeit – Sein und Vergehen/Verschwinden der Zeit – Gerichtetheit der Zeit – Augenblick als eigentliche Gegenwart? Erklären Sie!

§ 82: Abhebung des existenzial-ontologischen Zusammenhangs von Zeitlichkeit, Dasein und Weltzeit gegen Hegels Auffassung der Beziehung zwischen Zeit und Geist (S. 428–436)

Legen Sie dar: Wie hat nach Heidegger Hegel die Beziehung von Zeit und Geist gefasst? Was hat Hegels Auffassung von Zeit, folgt man Heidegggers Hegelverständnis, mit der vulgären Zeitvorstellung zu tun? (Für Hegelkenner: Überprüfen, diskutieren und bewerten Sie, ob Heidegger hier der Zeitkonzeption Hegels gerecht wird! Tipp: Was lässt Heidegger bei seiner Hegelinterpretation sträflich außer Acht, so dass er der Auffassung Hegels nicht gerecht wird, sondern diese gründlich verfehlt und ein Zerrbild Hegels entwirft – und auch nur entwerfen kann?)

Erläutern Sie: Was versteht Heidegger in Abhebung vom `vulgären Zeitbegriff' unter `ursprünglicher Zeitigung'?

Stellen Sie heraus, warum dieser Paragraph (trotz des problematischen Hegelverständnisses, das in ihm exponiert wird, s.o.) sachsystematisch relevant ist für das fundamentalontologische Projekt!

§ 83: Existenzial-zeitliche Analytik des Daseins und fundamentalontologische Frage nach dem Sinn von Sein überhaupt (S. 436f.)

Worin besteht das Ziel dieses Paragraphen? Berücksichtigen Sie bei der Zielbestimmung auch den Vorblick in § 78!

Welcher schwer wiegenden, da für die Sinnhaftigkeit des fundamentalontologischen Unternehmens überhaupt entscheidenden Frage stellt sich Heidegger hier? Welche – vorläufige und perspektivierende – Antwort gibt er? Ist diese Antwort (in all ihrer Vorläufigkeit und in ihrem Verweisungscharakter) für Sie nachvollziehbar und einleuchtend? Finden Sie Einwände? Setzen Sie sich mit Heideggers Antwort auseinander und diskutieren Sie diese!

Zeigen Sie abschließend den Zusammenhang auf, wie Heidegger ihn exponiert, von: existenzial-zeitlicher Analytik bzw. Hermeneutik des Daseins – (phänomenologischer) Ontologie – Zeit – Ganzheit des Daseins – Hermeneutik des Seins (selbst) – Sinn von Sein – Zeit als Horizont des Seins!

Abschluss und Ausblick

Das Projekt von *Sein und Zeit* ist von der Intention getragen, eine bleibend gültige Antwort auf die Seinsfrage zu geben. Es ist von der Grundannahme getragen, dass dies auch möglich sei. *Sein und Zeit* bleibt mit diesem Anspruch, eine bleibend gültige Antwort auf die Frage nach dem Sein zu geben, noch dem traditionellen Denken, auch und gerade dem ontologischen, verhaftet, das auf universal gültige, objektive und definite Antwort(en) aus ist, diesbezüglich in gewisser Weise vergleichbar etwa mit Kants Transzendentalphilosophie.

Später (v.a. nach der sog. `Kehre´, die etwa 1934-1938 zu datieren ist) hingegen akzentuiert Heidegger entschieden das geschickhafte Wesen des Seins, die Seinsgeschichte mit ihrem geschichtlichen bzw. geschickhaften Wandel des Seins und den Ereignis- und Schickungs-, mithin damit den Unverfügbarkeitscharakter jeder Seinsauffassung und jeder Seinsauslegung, was zu mannigfachen Umfigurationen seines Seinsdenkens führt. Denn es hat sich ihm erschlossen, dass das Dasein stets als schon *geworfenes* bereits einer vorherrschenden Seinsdeutung *unterliegt*, das seine Epoche bestimmt, und nicht etwa *verfügt* über ein Verständnis des Seins in der Weise des Entwurfs. Fortan bemüht sich Heidegger um eine *seinsgeschichtliche* Ausarbeitung der Seinsfrage. Es geht ihm darum, dem geschichtlich-geschickhaften Wandel des Seins, das sich je epochalspezifisch lichtet, dem epochalen `Geschick des Seins´ nachzusinnen. Denn die (je spezifische) Offenbarkeit des Seienden wird ihm nun, für den Menschen unverfügbar, vom Sein selbst her ereignet, das, sich `zuwerfend´ bzw. zuschickend, je spezifisch `lichtet´, sich dabei zugleich entbirgt wie aber auch, an sich haltend, verbirgt im Entzug. Die Seinsgeschichte ist Heidegger nun eine Geschichte zunehmenden `Sich-Sparens´ des Seins, mithin zunehmender Seinsverlassenheit und Seinsvergessenheit.

Bei seinem Projekt von *Sein und Zeit* hatte Heidegger angenommen, es sei möglich, auf die transzendentale Frage nach dem Sein eine definite Antwort zu geben, eine Antwort von bleibender Gültigkeit. Der `gekehrte´ Heidegger betont demgegenüber das geschickhafte Wesen des Seins, die Seins*geschichte* mit ihrem geschichtlichen und geschickhaften Seinswandel sowie die Geschichtlichkeit jeder Seinsauffassung und jedweder Seinsauslegung. In einer Abwendung vom (Rest-)Subjektivismus von *Sein und Zeit* rückt die Unverfügbarkeit des Seins(verständnisses) ins Zentrum von Heideggers Denken. Heidegger erkennt, dass das Projekt von *Sein und Zeit* mit seinem Anspruch, eine bleibend gültige Antwort auf die Frage nach dem Sein zu geben, doch noch dem traditionellen

Denken, auch und gerade dem ontologischen, verhaftet geblieben ist, das auf universal gültige, objektive und definite Antworten aus ist. Er gelangt zu der Einsicht, dass das Dasein nicht so sehr entwurfshaft zu einem Seinsverständnis gelangen könne, sondern zuvörderst je schon einer in seiner Zeit dominierenden bzw. bestimmenden Seinsauffassung ausgesetzt und unterworfen sei. Heidegger wendet sich daher von der `transzendentalen´ Ausarbeitung der Seinsfrage ab und `kehrt´ sich hin zur `Seinsgeschichte´, um dem `Geschick des Seins´ nachzudenken, das sich, *vom Sein selbst* im und als `Zuwurf des Seins´ `ereignet´, geschichtlich-epochal wandelt und je spezifisch `lichtet´ (– dies meint die berühmte `Kehre´ in Heideggers Denkweg). Die Offenbarkeit des Seins, die je eine spezifische Entbergung und eine Verbergung bzw. ein Entzug *zugleich* ist, wird vom Sein selbst `ereignet´ und der `ek-sistierende´ Mensch steht in sie (nur) hinaus, kann in seiner sich steigernden (Seins-) Entfremdung und -Verlassenheit nur bereit werden für ein – durch das Sein selbst hervorgerufenes – `besinnliches´ Denken, so dass ihm zukünftig (vielleicht) einmal im `Ereignis´ das Sein in seinem ganzen Wesen offenbar werden kann.

Martin Heidegger. Zur Entwicklung und zum Zusammenhang seines Denkens – eine Überblicksskizze

(von Josephine Kitz, Sina Dubuque und Kira Lou Hachenberg)

Leben und Werk

Martin Heidegger wurde am 26. September 1889 in Meßkirch (Schwarzwald) als erstes von drei Kindern geboren. Durch sein streng katholisches Elternhaus beeinflusst, begann er 1909 das Studium der Theologie und Philosophie in Freiburg. Dieses brach er jedoch 1911 wieder ab und widmete sich dem Studium der Philosophie, Geistes - und Naturwissenschaften.

1915 habilitierte sich Heidegger, allerdings wurde er im gleichen Jahr zum Wehrdienst einberufen, der bis 1918 andauerte. Zur Zeit des Wehrdienstes, 1917, heiratete er Thea Elfride Petri.

Nach dem Wehrdienst nahm er die Tätigkeit als Privatdozent und Assistent des Phänomenologen Edmund Husserl auf, dessen Denken ihn nachhaltig beeinflusste.

1923 erhielt er einen Lehrstuhl in Marburg. Dort lernte Heidegger Hannah Arendt kennen und begann eine Affäre mit seiner Studentin.

1927 wurde *Sein und Zeit* veröffentlicht, wonach er als führender Vertreter der deutschen `Existenzphilosophie´ galt. *Sein und Zeit* wird oft als Heideggers Hauptwerk angesehen.

1928 übernahm er die Professur Edmund Husserls in Freiburg.

1933 wurde Martin Heidegger zum Rektor der Universität Freiburg ernannt. Außerdem trat er in diesem Jahr in die NSDAP ein und hielt führerverherrlichende, propagandistische Reden.

So sagte er zum Beispiel im November 1933: *„Der Führer selbst und allein ist die heutige und künftige deutsche Wirklichkeit und ihr Gesetz."*

1934 trat er vom Rektorat zurück.

1946 erhielt er ein Lehrverbot aufgrund seiner Mitgliedschaft in der NSDAP, das allerdings 1951 wieder aufgehoben wurde.

Am 26. Mai 1971 starb Martin Heidegger.

Wegen seiner zeitweisen Distanzlosigkeit zum Nationalsozialismus löst Heideggers bis heute kontroverse Debatten aus. Durch die Veröffentlichung (im Jahr 2014) der „Schwarzen Hefte", Aufzeichnungen Heideggers aus den Jahren 1931 bis 1941, wird klar, dass Heideggers Sympathie zum Nationalsozialismus nicht 1934 endete. Die Frage, die sich stellt, ist, wie weit man seine Philosophie davon trennen kann.

Wiederholung der Seinsfrage

Fundamentalontologie [im Rahmen Heideggers]: Lehre vom Seienden und (besonders) vom Sein; Versuch, verfestigte Kategorien der traditionellen Philosophie aufzubrechen

Defizite der traditionellen Metaphysik:
- Geschichtlichkeit bleibt in bisheriger Ontologie unbeachtet;
- Sein ist auf ein Prinzip reduziert (ontischer Reduktionismus);
- Frage nach dem Sinn von Sein bleibt aus; göttliches Prinzip als letzter Erklärungsgrund des Seins:
  Das Sein sei „zum allgemeinsten, leersten und selbstverständlichsten Begriff herabgesunken [...], dem in der Philosophie nicht mehr nachgefragt wird".

Notwendigkeit eines anderen Anfangs:
- Geschichtlichen Wandel beachten;
- Ontologische Differenz: Trennung von Sein und Seiendem, es gibt verschiedene Seinsweisen.

Phänomenologie als Methode der Fundamentalontologie:
Phänomenologie als „aufweisendes Sehenlassen des sich von ihm selbst her Zeigenden"; *vulgäres Phänomen*: alles Seiende, alles Gegebene; Beschreibung dessen ist keine philosophische Leistung.
Genuin phänomenologisches Phänomen: Seinsverfassung, die sich nicht zeigt, aber die es aufzuzeigen gilt; dies erst ist eine philosophische Leistung.

Phänomenologie als Hermeneutik:
Ziele der hermeneutischen Phänomenologie
- Phänomen thematisch machen: den Zirkel des Verstehens betreten (hermeneutischer Zirkel);
- Destruktion der bisherigen Ontologie: Abbau philosophischer Begriffe und Kategorien.

Mannigfaltigkeit der Seinsweisen

Materielles (innerweltliches Seiendes)
- Zuhandenes: Gebrauchsdinge, Zeug ;
- Vorhandenes: steht in keiner Beziehung zu uns (z.b. Stein am Wegrand);
- historische Dinge: Relikte oder Erinnerungsstücke, die auf die Vergangenheit hinweisen.

Sein des Menschen: Dasein
- Der Mensch bestimmt sein Sein.
- Fähigkeit zu Welterschließung: *Seinsvollzug;*
- Existenzialontologie: Es gibt Grundbestimmungen des Seinsvollzuges, die sogenannten Existenzialien, Heidegger vollzieht hier eine Analyse der Existenz (Die Frage nach dem „Wie?" des Seinsvollzugs).

Vorontologisches Seinsverständnis (roh und unbegrifflich)
- notwendig, um das Sein zu verstehen;
- beinhaltet Wissen um Existenz, Realität, Existentes, Reales, ...
- „Je adäquater unser Vorverständnis von Sein ist, je mehr es der tatsächlichen Seinsverfassung gerecht wird, desto unverstellter und ursprünglicher kann sich das Seiende zeigen" (Rainer Thurnher).

Analyse des Daseins

Methode

- auf Alltägliches achten, um Dinge unverstellt darzustellen;
- „In-der-Welt-sein": Welt als erfahrbare, *worin* man lebt (häusliche Umwelt).

Das „In-der-Welt-sein" heißt für Heidegger gleichzeitig die Erschließung von Welt; das, was das Dasein von anderen Seinsformen unterscheidet. Hier nennt er die grundlegenden Weisen des „In-der-Welt-seins", die gleichzeitig das Welterschließen konstituieren:

Befindlichkeit, Verstehen und Rede

Unter **Befindlichkeit** versteht er Stimmungen, die unabweisbar sind, dadurch erfolgt eine Konfrontation des Daseins mit sich selbst.

„Welt" ist nicht objektiv vorhanden, sondern Existenz als Dasein im Ganzen kann nur *gefühlt*, nicht theoretisch erschlossen werden.

Mit dem Existenzial **Verstehen** meint Heidegger die Seinsart des Daseins als „Sein-Können". Dies heißt, dass das Dasein als Entwurf seiner Möglichkeiten verstanden werden muss; Dasein ist nicht nur das gegenwärtige faktische Dasein, sondern beinhaltet all seine Möglichkeiten des „Sein-Könnens".

Die dritte Seinsweise ist die **Rede**, die das Fundament der Sprache legt. Über Sprache wird sich über Bedeutsamkeiten ausgetauscht. Dies setzt ein gemeinsames, verstehendes Verhältnis zu den Dingen, über die sich ausgetauscht wird, voraus.

Heidegger spricht hier auch davon, dass Sprache keine Unschuld habe: Das Ausgesprochene beinhaltet Verständnis und Auslegung.

Uneigentlichkeit (Fremdbestimmung)

- Verfallen an die Welt: Beschäftigung mit den Dringlichkeiten des Alltags;
- Verfallen an das „Man": Durchschnittliches Denken und Handeln, vom Man regiert.

Eigentlichkeit (Selbstbestimmung)
- Wählen der Wahl: sich für ein *Sein-Können* entscheiden;
- eigene Möglichkeiten ergreifen.

Tod
- Heidegger sieht die Möglichkeit, sich wieder zu vereinzeln und der Fremdbestimmung des „Man" zu entkommen, wenn man sich der Möglichkeit des Todes stellt, denn den Tod muss jeder einzeln auf sich nehmen.
- Nur in der Eigentlichkeit kann man sich der Möglichkeit des Todes stellen.
- Im „Man" sieht sich ein jeder zunächst unbetroffen von der jederzeitigen Möglichkeit des Todes und verliert sich in den Besorgungen des Alltags.

Auslegung des Seins vor dem Horizont der Zeitlichkeit

Mit seiner Analytik war Heidegger zu dem Phänomen vorgestoßen, das den Erklärungshorizont dafür geben sollte, die mannigfachen Seinsweisen auszulegen – die Zeitlichkeit. Die leitende Idee dabei: Das Dasein entwirft sich in der Zeitlichkeit verstehend auf sein Seinkönnen. Im Sich-Entwerfen versteht das Dasein nicht nur sich selbst, sondern auch seine Mitwelt (zu der es immer im Bezug steht).

Die Ermöglichung des Verstehens des Daseins und von Sein/unterschiedlichen Seinsverfassungen ist die Zeitlichkeit, denn Verstehen gehört zur Sorgestruktur des Menschen, die in der Zeitlichkeit des Daseins gründet (jedes Dasein ist endliches Dasein).

Heidegger kam jedoch zu der Einsicht, dass das Dasein nicht über ein adäquates Seinsverständnis verfügt, wie er es in seiner Theorie über die Auslegung des Seins von der Zeitlichkeit her angenommen hatte. Im Gegenteil sei das Dasein der vorherrschenden und die Epoche, in die es „geworfen" wurde, bestimmenden Deutung des Seins ausgesetzt.

Sein Denken wandelte sich dahingehend, den Menschen als Ausgangspunkt für die Frage „Was ist (der Sinn von) Sein?" zu nehmen, zum Sein als Ausgangspunkt, und führte so zur *„Kehre"*.

Die Kehre

Die Kehre bezeichnet einen grundlegenden Wandel in Heideggers Denken, nämlich vom fundamentalontologischen zum seinsgeschichtlichen Denken. Die Kehre fand im Zeitraum von ca. 1930–1938 statt und wurde vermutlich von der Einsicht verursacht, dass das Dasein nicht über ein Seinsverständnis als Existenzial verfügt, wie bisher von Heidegger gedacht, sondern der in der Epoche vorherrschenden Deutung des Seins ausgesetzt ist. Nun musste er sein Denken wandeln, da sein Zugang zur Frage nach dem (Sinn von) Sein von *Sein und Zeit* ihn nicht zu seinem Ziel führte. Dort geht er vom Dasein aus, um die Frage nach dem (Sinn von) Sein zu beantworten. Nach der Kehre ist das Sein selbst der Ausgangspunkt seines Denkens.

Die Kehre kann in verschieden Bereichen seines Denkens gefunden werden:

1. Alétheia – Der Weg zur Wahrheit wandelt sich von der Erschlossenheit des Daseins zur Lichtung des Seins:

Sowohl vor als auch nach der Kehre ist Wahrheit für Heidegger Unverborgenheit (Alétheia), entgegen dem traditionellen Wahrheitsbegriff (Übereinstimmung von Vorstellung und Sachverhalt). Unverborgenheit besagt, dass das Seiende erschlossen und die Welt gelichtet ist.

Durch die Kehre verändert sich sein Verständnis der Erschlossenheit des Seienden. Vor der Kehre entdeckt das Dasein die Wahrheit, d.h. es erschließt das Seiende von einem vorgängigen Seinsverständnis her. Nach der Kehre glaubt Heidegger, dass das Sein selbst durch sein Geschick Seiendes offenbar macht. In seiner geschichtlich-epochalen Lichtung entbirgt und verbirgt sich das Sein gleichzeitig; für den Menschen erweist es sich in einer unverfügbaren Weise in der Geschichte. Heidegger glaubt nun, dass die Unverborgenheit nicht mehr vom Menschen hergestellt werden kann; sie ist ein Geschick des Seins. Daher ist auch die Seinsvergessenheit (geschichtlich/geschickhafter Wandel des Seins blieb in der bisherigen Ontologie unbedacht) keine Verfehlung seitens des Menschen mehr und wird jetzt auch Seinsverlassenheit genannt; alle Seinsverlassenheit des Seienden gehört nun zum Ereignischarakter des Seinsgeschicks.

2. Wandel der Grundfrage Heideggers:

Nach *Sein und Zeit* macht er eine Unterscheidung, die sein denkerisches Anliegen verdeutlichen soll, nämlich die Unterscheidung zwischen der *Grund*frage und der *Leit*frage der Philosophie. Die Metaphysik stellt seit

Platon und Aristoteles nur die Leitfrage der Philosophie, die nach dem Sein des Seienden fragt. Heideggers Anspruch in der Fundamentalontologie, also vor der Kehre, ist es, die Ontologie auf ihr Fundament zurückzuführen, indem er nach der Grundfrage, nach dem Sein als solchem fragt. Damit geht die Grundfrage über die Leitfrage hinaus, und im Stellen der Grundfrage äußert sich auch Heideggers Tendenz, über die klassische Metaphysik hinauszugehen. Sein Denken nach der Kehre fragt nach der geschichtlichen Wahrheit des Seins, es wendet sich immer mehr dem Sein zu.

3. Wandel in der Beziehung zur Metaphysik:
In *Sein und Zeit* ist es Heideggers Absicht, die Ontologie auf ihr Fundament zurückzuführen, sie zu reformieren und weiterzuführen. Die Seinsvergessenheit wird als Schwäche der bisherigen Philosophie aufgefasst, die mit der Fundamentalontologie behoben werden könne. Mit der Kehre jedoch will Heidegger mit dem seinsgeschichtlichen Denken die Metaphysik hinter sich lassen, da die Metaphysik nur im Rahmen der Leitfrage bleibe und nur die durch die epochale Lichtung des Seins geprägte Seinsauffassung zum Ausdruck bringe. Die Besinnung auf das geschickhafte Wesen des Seins sei daher für die Metaphysik unmöglich.

Sein Denken nach der Kehre (aber), das nach der geschichtlichen Wahrheit des Seins sucht, ist nicht mehr Metaphysik, sondern ihre Überwindung (bzw. *Ver*windung).

Verwindung drückt aus, dass Heidegger keine Gegnerschaft aufbauen will, sondern nur das Ende der Metaphysik feststellt (da sie mit ihrer Frage nicht das Sein adäquat erfragen konnte). Es geht darum, im Rückgang in den Grund der Metaphysik in eine ursprüngliche Nähe zum Sein zu gelangen.

> „Das Denken überwindet die Metaphysik nicht, indem es sie, noch höher aufsteigend, übersteigt und irgendwohin aufhebt, sondern indem es zurücksteigt in die Nähe des Nächsten."

4. „Andersanfängliches" Denken:
Zur Verdeutlichung des Unterschieds von Metaphysik und seinsgeschichtlichem Denken nach der Kehre spricht Heidegger von „Erstem Anfang" und „Anderem Anfang". Der Erste Anfang ist die Erfahrung des Seins und der Alétheia (Unverborgenheit als Verständnis von Wahrheit) in der frühen griechischen Antike. Aus diesem Ersten Anfang entstand mit Platon und Aristoteles die Metaphysik, denn diese Denker konnten sich, so Heidegger, nicht auf der Höhe der ursprünglichen Seinserfahrung halten. Als ein Geschick des Seins, glaubt Heidegger nach der

Kehre, habe sich die Metaphysik bis zur Vollendung in der Technik immer weiter vom Ersten Anfang entfernt. Der Andere Anfang hat sich aus der Seinsvergessenheit der Metaphysik ergeben, die, an ihre Grenze gebracht, zu Ende geht. Er durchbricht die metaphysische Vorstellung im Rückgang in den „ungedachten Grund" der Metaphysik, so wird der Erste Anfang wieder frei. Die Wiederholung des Ersten Anfangs bedeutet nicht die Überspringung der Metaphysik, sondern will aus der gesammelten Erfahrung der Metaphysik die noch nicht ausgeschöpften, im Ersten Anfang liegenden Möglichkeiten gewinnen, die durch die Metaphysik versperrt waren.

5. Gewandelte Deutung der Grundstimmungen

Grundstimmungen eines Menschen waren schon in *Sein und Zeit* ein vorreflexiver Zugang zum Dasein, da in ihnen die „Geworfenheit" in eine bestimmte Welt offenbar wurde; die Befindlichkeit wurde aber als Phänomen vorausgesetzt. Im gekehrten Denken werden die Grundstimmungen seinsgeschichtlich ausgelegt. Das „Woher" der Stimmung rückt in den Blick: Die Befindlichkeit liegt im Zuspruch des Seins selbst. Der Mensch entspricht dem Sein, dies äußert sich in der Befindlichkeit.

> „Entsprechen ist notwendig und immer in einer Gestimmtheit. Und erst auf dem Grunde der Ge-stimmtheit empfängt das Sagen des Entsprechens seine Präzision, seine Be-stimmtheit." – Heidegger

Philosophie ist für Heidegger eine bestimmte Weise, dem Sein zu entsprechen, von einer bestimmten Grundstimmung getragen. Die Philosophie in *Sein und Zeit* sei bspw. von der Angst als Grundstimmung getragen. In der Zuwendung zum Seienden mache Angst als auftauchende Stimmung deutlich, dass es nicht selbstverständlich sei, dass Seiendes sei; sie weist den Menschen auf das Sein hin.

6. Deutung der Geschichte als Seinsgeschichte

Nach der Kehre sieht Heidegger die Geschichte als Seinsgeschichte an.

> „Die Geschichte geschieht nicht zuerst als Geschehen … Das Geschehen der Geschichte west als das Geschick der Wahrheit des Seins aus diesem … Zum Geschick kommt das Sein, indem Es, das Sein, sich gibt. Das aber sagt: Es gibt sich und versagt sich zumal." – Heidegger

Das Seinsgeschick ereignet sich epochal in einer bestimmten Weise und lässt so das Seiende jeweils in dieser entsprechenden Seinsverfassung sich lichten.

Damit ereignet sich „Welt" als eine Bedeutungsganzheit, aus der heraus sich bestimmt, was „seiend"/wesentlich und was „unseiend"/unwesentlich ist.

Für Heidegger spielt die Philosophie die entscheidende Rolle für die Interpretation der Seinsgeschichte, da sie den Zuwurf des Seins zur Sprache bringt und denkerisch erfasst. Deswegen orientiert er sich an philosophischen Werken, um die Seinsgeschichte nachzuvollziehen.

Epochen der Seinsgeschichte

Heidegger sieht die Philosophiegeschichte als Seinsgeschichte, bestimmt durch ein „*Sich-Zuschicken*" des Seins. Im Laufe seines Werks rekonstruiert er die Seinsgeschichte, sieht diese als Geschichte der „*Seinsvergessenheit*". Die Epochen der Seinsgeschichte charakterisieren sich dadurch, wie Philosophen jeweils das Sein auffassen. Diese Auffassung oder Lehre nennt Heidegger nicht zufällig „Worte des Seins" als Antwort auf einen Zuspruch, sie werden ebenfalls durch den Epoché-Charakter des Seins bestimmt.

„Es gibt Sein nur in dieser oder jener geschicklichen Prägung.
Phýsis, Lógos, Hén,
Idéa,
Enérgeia,
Substantialität,
Objektivität, Subjektivität,
Wille, Wille zur Macht...
Wie es, das Sein, sich gibt, bestimmt sich je selbst aus der Weise, wie es sich lichtet." - Heidegger

Seinsgeschichte nach Heidegger

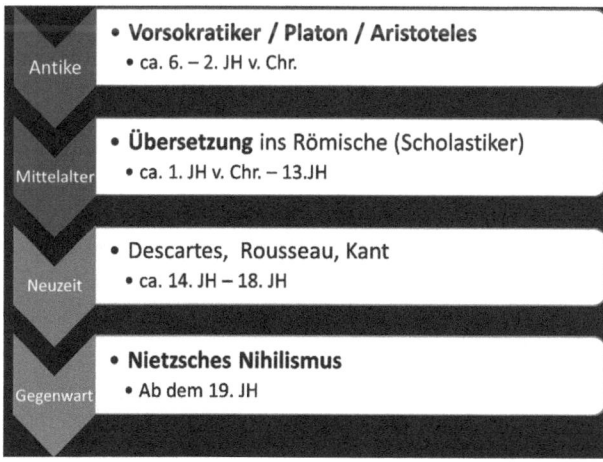

Antike

Vorsokratiker (Anaximander, Heraklit, Parmenides,...)
- Ursprüngliches Verständnis des Seins, frei von Verengungen;
- Fragen danach, „was das Seiende sei" mit einer „Tiefe und Weite", der sich laut Heidegger wieder genähert werden soll;
- Leugnung der Substantialität des Seins;
- Sein als *physis* (Seiendes als Ganzes),
  alétheia (Unverborgenheit als Verständnis von Wahrheit),
  lógos (verstanden als Versammlung),
  hén (als Sein des Seienden)
  → vorübergehende An-Wesenheit des Seins in Lichtung (*phaínesthai*) als Ort des Hervortretens in die Unverborgenheit.

Platon
- Beginn der Seinsvergessenheit;
- Sein als *idéa*
  → bleibende Anwesenheit (in den Ideen),
  auf die man sich beziehen kann.
- Das Höhlengleichnis und Platons Ideenlehre bedeuten für Heidegger einen Wandel des Wesens der Wahrheit: Seiendes steht in Abhängigkeit zu den absoluten Ideen, diese Unwandelbarkeit ermöglicht Wahrheit mit absoluter Gültigkeit unabhängig vom Menschen.

Aristoteles
- Ideen werden zur Form, um das von der Natur aus Seiende zu erklären;
- Neubestimmung des *Logos* als Ort der Wahrheit, in dem über das Sein des Seienden entschieden wird;
- Geburtsstunde der Logik als Werkzeug
  → der Mensch wird zum *animal rationale*, das mithilfe einer bestimmten Methode sich einem vorgegebenen Erkenntnisziel nähern kann;
- *téchne* als „technische Interpretation des Denkens";
- Sein als *enérgeia* (Wirken).

Laut Heidegger wird durch die *Idee* und die *Form Seiendes* als *Sein* proklamiert, und die ontologische Differenz wird missachtet. Mit der

Idee des Guten und Platons *höchster Form* kommt Gott als *causa sui* (Ursache für sein eigenes Sein) in die Philosophie und der „göttliche Gott" (als versammeltes Zueinander der einzelnen Regionen des Seienden) wird verfehlt.

Christliches Mittelalter
- Übersetzung der Römer vom Griechischen ins Römische „in eine andere Denkungsart"
  → Es wird nicht mehr aus der Erfahrung heraus gedacht, sondern erlernt, wie man denkt.
- Abwendung vom ursprünglichen Wesen griechischer Philosophie;
- Scholastiker: Bildung von Schulen (Akademien);
- Aufgliederung in Einzeldisziplinen (Logik, Physik, Ethik) verdrängt Seinsfrage, Philosophie dogmatisiert (es wird gelehrt, dass etwas so und so sein muss);
- Sein als *Geschaffensein*:
  Die Frage nach dem Sein wandelt sich zur Frage nach den Ursachen und der Ordnung des Seienden → Gott ist rationaler Erschaffer <u>alles</u> Seienden, der Mensch wird eingebunden in (göttliche) Ordnung.

Neuzeit
- Der Bezug des Seins zu Gott wird gelöst;
- Seiendes als *Objekt* (Descartes) → Seinscharakter als Gegenständlichkeit;
- neues Selbstbewusstsein des Menschen:
  der Mensch ist zu Gewissheit fähig, kann Seiendes zurechtweisen;
- Sein ist als *Position* (Kant) oder *Wille* (Leibniz) bestimm- und beherrschbar
  → *der* Mensch als (mündiger) Erschaffer aller Maßstäbe.

Gegenwart (Weltalter des Nihilismus)
- Nietzsche „Gott ist tot";
- Sein als *Wille zur Macht*;
- Konkurrenzkampf von Perspektiven (Wertsetzungen);
  Autonome Lebenseinheiten: Ringen um Selbstbehauptung.

Nihilismus:
Zusammenbruch aller Perspektiven, alle Ziele werden nichtig
→ Nietzsche und Heidegger fordern beide die Überwindung des Nihilismus, sehen beide die metaphysische Wertsetzung als dessen Grund, unterscheiden sich aber in ihrer Deutung der Ursache und der Möglichkeit der Überwindung des Nihilismus:

Metaphysik... als falsche menschliche Wertsetzung	... als Seinsvergessenheit aus dem Geschick des Seins
→ „Umwertung aller Werte"	→ „Kehre des Seins"

Heideggers Vorwurf: Nietzsche kehre die Metaphysik nur um, wenn er denke, sie zu überwinden, und bleibe ihr dabei aber verhaftet; er mache *Geistiges* zur Funktion des Lebens, anstatt die Welt vom *Geist des Seins* bestimmt zu sehen.

Heideggers Verhältnis zur Technik

Heidegger kritisiert eine Sicht auf die Technik als Mittel (Werkzeuge, Maschinen), welches von Menschen erfunden wurde um die Welt zu ihrem Vorteil umzugestalten, oder auch (nach Aristoteles) als überliefertes „know-how" (bewusstes Verfahren) beispielsweise im Handwerk, in der Kunst und der Arbeit.

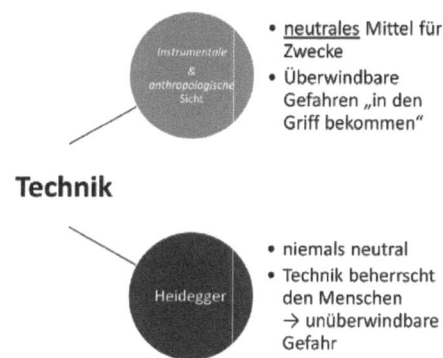

Anthropologie fasst den Menschen nach Heidegger als ein konstantes Wesen mit bestimmten Fähigkeiten und Eigenschaften auf. Der Vorwurf: Eine Instrumentale und anthropologische Sicht sehe nur die Gefahren, dass die Technik für falsche Ziele eingesetzt werden könne oder der Mensch die Kontrolle über sie verliere, aber nicht, dass die Technik an sich gefährlich sei, da sie den Seinsbezug beeinflusse und den Menschen dadurch beherrsche.

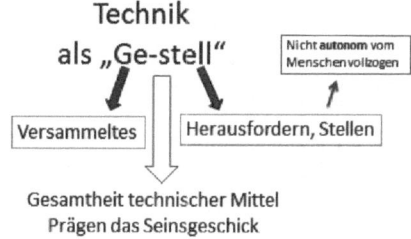

Seiendes zeigt sich in Form einer Nutz- und Verwertbarkeit (als Bestand), und die Natur wird zur bloßen Ressource. Diese Verwertbarkeit raubt den Dingen und Menschen ihr Wesen, ihr Eigenstes. Durch die innere Leere, die dies hervorruft, sieht Heidegger die Möglichkeit einer *Umkehr*, einer Rückbesinnung auf eine ursprüngliche philosophische Art des Denkens und schließlich einer Zuwendung des *Seins* im Ereignis.

Ent-eignis *Entfremdung, Weltverlust, Heimatlosigkeit*

⤓ *Umkehr*
Achtsamkeit auf Bezug
zum Sein

Ereignis
Zuwendung des Seins

Diese Umkehr erhoffte sich Heidegger zunächst vom Nationalsozialismus als radikalem Bruch mit der Moderne.

Heideggers „Schwarze Hefte"

Seit März 2014 erschienen die letzten Schriften Heideggers im Frankfurter Verlag Klostermann. Die Denktagebücher (die in schwarzen Notizheften geführt wurden) aus den Jahren 1931–1941 sollten nach seinem Wunsch das Letzte sein, was von ihm veröffentlicht würde. Die Veröffentlichung veränderte die Wahrnehmung Heideggers als Antisemit und vor allem Nationalsozialist.

Die Schriften zeigen, dass Heidegger nicht nur kurzzeitig dem Nationalsozialismus verbunden war und seine Sympathie zu ihm nicht einfachhin eine `zwischenphasige' Fehleinschätzung war, zu der er sich von Hitler und der nationalsozialistischen Bewegung vorübergehend hat verführen lassen, die mit seinem philosophischen Denken aber klar in keinem Zusammenhang steht. Heideggers Ansicht über den Nationalsozialismus wandelt sich allerdings im Laufe der Zeit. Als er erkennt, dass unter den Nazis die Technisierung der Welt weiter voranschreitet und sogar neuzeitliche „Machenschaften" wie Kino und Radio von ihnen exzessiv genutzt werden, verurteilt er dies zunächst. Die Seinsvergessenheit verfestige sich unter Hitler. Heidegger kommt zu einem neuen Schluss: Der Nationalsozialismus als *barbarisches Prinzip* ist nicht Überwinder der Neuzeit, sondern eine neue Variante, welche die Menschen in die völlige Entfremdung treiben wird. Er bringt die Neuzeit zu Ende und schafft somit die Basis für eine Umkehr.

`Aus der vollen Einsicht in die frühere Täuschung über das Wesen des Nationalsozialismus ergibt sich erst die Notwendigkeit seiner Bejahung, und zwar aus denkerischen Gründen.' (1939)

Heidegger behauptet, alle Kriegsparteien (kriegerische, nationalsozialistische und pazifistisch-humanistische) entsprängen aus demselben Denken: der `jüdischen' abendländischen Metaphysik. Die Menschen sollten sich (im Krieg) selbst zugrunde richten. Die Technik solle das jetzige Menschentum zerstören, um das Sein von seiner tiefsten Verunstaltung zu reinigen.

Das Weltjudentum, aufgestachelt durch die aus Deutschland hinausgelassenen Emigranten, ist überall unfaßbar und braucht sich bei aller Machtentfaltung nirgends an kriegerischen Handlungen zu beteiligen, wogegen uns nur bleibt, das beste Blut der Besten des eigenen Volkes zu opfern.'

Alles muss durch die völlige Verwüstung hindurch. Nur so ist das zweitausendjährige Gefüge der Metaphysik zu erschüttern.' (1941)

Quellen:

Assenhauer, Thomas: Das vergiftete Erbe, URL:http://www.zeit.de/2014/12/heidegger-schwarze-hefte-veroeffentlicht (zuletzt abgerufen am 27.7.2014).

Bibliographisches Institut: Meyers kleines Lexikon Philosophie, Mannheim 1987.

Halder, Alois: Philosophisches Wörterbuch, Freiburg i.Br. 2000.

Ruffing, Reiner: Martin Heidegger, Philosophie für Einsteiger, München 2013.

Thurnher, Rainer: VIII. Martin Heidegger, in: Geschichte der Philosophie, Band XIII: Die Philosophie des ausgehenden 19. und des 20. Jahrhunderts 3. Lebensphilosophie und Existenzphilosophie, hg. v. Rainer Thurnher, Wolfgang Röd u. Heinrich Schmidinger, München 2002, S. 196-274

http://de.wikipedia.org/wiki/Martin_Heidegger#.E2.80.9ESein_und_Zeit.E2.80.9C (Stand: 27.3.2014).

Entspannender Ausstieg

A. Eine `musikalische Schnellrekapitulation´

http://www.youtube.com/watch?v=3goPOfcu-JI
(zuletzt abgerufen am 27.7.2014)

B. Fritz Heideggers Heidegger-Parodie

Heideggers Bruder Fritz unterstützte seinen Bruder Martin vielfach beim Entstehen seines Werkes, u.a. durch kritische Lektüre von Manuskripten und Anregungen zu Formulierungsweisen. Humorvoll, wie Fritz war, parodierte er den Stil seines Bruders, u.a. in Fastnachtsreden. Hier ein Beispiel:

`Das Fassende des Fassbaren ist die Nacht. Sie fasst, indem sie übernachtet. So ge-fasst, nachtet das Fass in der Nacht. Sein Wesen ist die Ge-fasstheit in der Nacht. Was fasst? – Was nachtet? Dasein nachtet fast. Übernächtig west es in der Umnachtung durch das Fass, so zwar, dass das Fassbare im Ge-fasst-werden durch die Nacht das Anwesen des Fasses hütet. Die Nacht ist das Fass des Seins. ... Im Erscheinen des Fasses als solchem aber bleibt das Fass selbst aus. Es hat sein Bleibendes in der Nacht. Die Nacht übergießt das Fass mit seinem Bleiben. Aus dem Geschenk dieses Gusses west die Fass-nacht. Es ist unfassbar.´

(nach:
http://www.buecher-wiki.de/index.php/BuecherWiki/HeideggerMartin
[zuletzt abgerufen am 6.7.2014])

HEIDEGGER
HEIDEGGER HEIDEGGER HEIDEGGER